Eugene H. Peterson

Traduzido por **José Fernando Cristófalo**

ÂNIMO!

o antídoto bíblico
contra o tédio e a mediocridade

MC
Editora Mundo Cristão
São Paulo

Editora responsável: Silvia Justino
Assistente editorial: Miriam de Assis
Preparação: Marcos Granconato
Revisão: Tereza Gouveia
Supervisão de produção: Lilian Melo
Capa: Douglas Lucas
Imagem: Image 100

Os textos das referências bíblicas foram extraídos da *Almeida Revista e Atualizada* (Sociedade Bíblica do Brasil), salvo indicação específica.

Dados Internacionais de Catalogação na Publicação (CIP)
(Câmara Brasileira do Livro, SP, Brasil)

Peterson, Eugene H., 1932 —

Ânimo: o antídoto bíblico contra o tédio e a mediocridade / Eugene H. Peterson; traduzido por José Fernando Cristófalo, 2ª ed. — São Paulo: Mundo Cristão, 2008.

Título original: Run with the Horses
ISBN 978-85-7325-506-5

1. Bíblia. A. T. Jeremias — Meditações 2. Jeremias (Profeta bíblico 3. Vida cristã I. Título.

07-9456 CDD —242.5

Índice para catálogo sistemático:
1. Ânimo: Meditações bíblicas: Cristianismo 242.5
Categoria: Espiritualidade

Publicado no Brasil com todos os direitos reservados pela:
Editora Mundo Cristão
Rua Antônio Carlos Tacconi, 79, São Paulo, SP, Brasil, CEP 04810-020
Telefone: (11) 2127-4147
Home page: www.mundocristao.com.br

2ª edição revisada: janeiro de 2008
2ª reimpressão: 2008

Para Eric, cujo pai também é pastor.

SUMÁRIO

Percorrerei o caminho dos teus mandamentos, quando
me alegrares o coração.

Salmos 119:32

1 O ENIGMA

Se te fatigas correndo com homens que vão a pé, como poderás competir com os que vão a cavalo? Se em terra de paz não te sentes seguro, que farás na floresta do Jordão?

JEREMIAS 12:5

O meu lamento em relação à sociedade contemporânea é devido a sua decadência. Há alguns poucos prazeres que ainda me atraem, mas quase nenhuma beleza me cativa e nada erótico me excita. Não me sinto provocado ou desafiado por nenhum círculo ou posição intelectual, nem por novas filosofias ou teologias e não há nenhuma arte atual que me prenda a atenção ou me desperte a mente. Tampouco existem movimentos sociais, políticos ou religiosos que me entusiasmem ou animem. Não há homens livres a quem possa submeter-me, nem santos em quem possa encontrar inspiração. Não há pecadores descontrolados o bastante para me impressionar ou com quem eu possa compartilhar minha infeliz condição. Ninguém suficientemente humano para validar o estilo de vida "corrente". É, portanto, muito difícil viver neste enfadonho mundo sem se sentir dominado pelo tédio.

O futuro está, pois, nas mãos daquela minoria de coração humilde e compassivo, que apaixonadamente busca a Deus no mundo maravilhoso e ao mesmo tempo confuso de realidades redimidas e interligadas que se estende diante de nosso nariz.

WILLIAM MCNAMARA[1]

[1] *The Human Adventure*. Garden City: Image Books, Doubleday, 1976, p. 9; e *Mystical Passion*. New York: Paulist, 1977, p. 3.

O enigma a decifrar: por que tantas pessoas vivem tão mal? Vidas caracterizadas não tanto pela maldade, mas pela mediocridade. Não tanto pela crueldade, como pela estupidez. Há pouco que admirar e menos ainda imitar nas pessoas que se destacam em nossa cultura. Temos celebridades, mas não temos santos. Artistas famosos tentam entreter toda uma nação de entediados que sofrem de insônia. Criminosos audaciosos praticam infrações próprias de apáticos conformistas. Atletas mimados e arrogantes apresentam-se para espectadores entediados e preguiçosos. As pessoas, saturadas e sem esperança, tentam se distrair com coisas sem importância e valor. Nem mesmo a busca da justiça ou os grandes feitos da bondade dão notícias de primeira página.

O homem moderno é "um empreendimento sem futuro", afirma Tom Howard. "Para nossa decepção, descobrimos que a emancipação foi proclamada não em prol de uma raça de homens livres e notáveis, mas, ao contrário, em favor de uma raça que pode bem ser descrita por seus poetas e dramaturgos como desanimada, frustrada, irascível, murmuradora e cheia de amargura".[2]

Essa condição tem produzido um estranho fenômeno: indivíduos que vivem na simplicidade do cotidiano envolvem-se em práticas malignas e reprováveis a fim de encontrar algum significado para a vida. Assassinos e seqüestradores tentam galgar os altos degraus que levam da obscuridade para a fama ao matar alguém de destaque ou ameaçar explodir um avião cheio de passageiros. Com freqüência, essas pessoas alcançam seus objetivos iniciais. De fato, a mídia divulga suas palavras e exibe o que fazem. Além disso, escritores entram numa competição mútua e feroz, tentando analisar os motivos e delinear os perfis psicológicos desses criminosos. Nenhuma outra cultura tem se revelado tão ávida e desejosa de recompensar o absurdo e a maldade.

[2] *Chance or Dance*. Carol Stream: Harold Shaw Publishers, 1972, p. 104.

Se, em contrapartida, olhamos à nossa volta com o objetivo de encontrar pessoas maduras, íntegras e felizes, o resultado dessa busca será ínfimo. Essas pessoas estão espalhadas por aí, talvez em número igual ao que existia no passado, mas não são mais tão fáceis de ser identificadas. Nenhum repórter tem interessem em entrevistá-las. Nenhum programa de televisão as exibe. Elas não são admiradas e, muito menos, despertam qualquer interesse. Um caráter íntegro não ganha o "Oscar" nem reconhecimento público algum. No fim de cada ano, ninguém se dá ao trabalho de elaborar uma lista com as dez pessoas que ostentaram a melhor vida.

SEDE DE INTEGRIDADE

Apesar de tudo, continuamos a sentir uma insaciável sede de integridade, uma fome constante de justiça. Quando não suportamos mais e ficamos demasiadamente incomodados com esses indivíduos artificiais e rasos que nos são diariamente impingidos como celebridades, alguns de nós voltam a atenção para as Escrituras a fim de satisfazer a necessidade de encontrar alguém que valha a pena observar. O que significa, afinal, ser um homem ou uma mulher real? Que forma a humanidade autêntica e madura assume em uma vida normal?

Quando, porém, nos voltamos para as Escrituras em busca de auxílio nesse assunto, é bem provável que fiquemos surpresos. Um dos primeiros fatos que nos assusta é a constatação de que, para nossa decepção, os homens e as mulheres bíblicos não foram os heróis que imaginamos. Não encontramos entre eles modelos impecáveis de virtude. Isso sempre assombra os inexperientes na Palavra de Deus. Abraão mentiu, Jacó enganou, Moisés assassinou e murmurou, Davi cometeu adultério e Pedro blasfemou.

Prosseguimos na leitura do texto bíblico e começamos a perceber sua verdadeira intenção: trata-se de uma estratégia consistente para demonstrar que as maiores e mais significativas figuras da fé foram moldadas no mesmo barro que nós. Descobrimos que as Escrituras poupam detalhes sobre as pessoas, porém, são pródigas nas informações que dão a respeito de Deus. A Bíblia recusa-se a alimentar nossa ânsia de cultuar heróis. Ela não se curva diante de nosso desejo adolescente de fazer parte de algum tipo de fã-clube. Creio que a razão disso é bastante clara. Por meio de fotografias, pequenas recordações, autógrafos e viagens de turismo, estabelecemos certa associação com alguém cuja vida — conforme imaginamos — é mais empolgante e interessante que a nossa. Assim, acrescentamos um pouco de diversão à nossa monótona existência ao seguir as pegadas de uma pessoa notável.

Comportamo-nos dessa maneira porque estamos convencidos de que somos pessoas pouco interessantes e comuns. A cidade em que vivemos, a vizinhança em que crescemos, as amizades que nutrimos ao longo dos anos, a família ou o casamento que temos, tudo, enfim, nos parece sem graça. Não conseguimos ver como é possível ser significante em tais cenários, mantendo aquelas velhas amizades e, portanto, olhamos à nossa volta buscando encontrar alguém que seja importante. Sustentamos nossas fantasias com a imagem de uma pessoa que vive uma vida mais cheia de aventuras que a nossa. Na realidade, existem empreendedores por aí que fornecem (mediante um módico pagamento, é claro) o combustível necessário para alimentar as chamas desse viver irreal. Há algo de triste e lamentável em todo este ramo de negócios. Porém, apesar disso, as pessoas que o exploram continuam a prosperar.

A Palavra de Deus, no entanto, não participa desse jogo. Algo muito diferente acontece na vida de fé: nela cada um descobre todos os componentes de uma aventura original e única. Pelas Escrituras somos alertados acerca dos riscos de seguir as pegadas dos outros e chamados a uma incomparável associação com Cristo. A Bíblia deixa bem claro que cada história de fé é completamente original. O gênio criativo de Deus é inesgotável. Ele jamais, cansado de manter os rigores da criatividade, lançará mão do recurso de produzir cópias em massa. Cada vida é uma tela em branco sobre a qual Deus pinta todas as linhas e matizes de cores, sombras e luzes, diferentes texturas e proporções, todas nunca antes usadas por ele.

Vemos na Santa Palavra *o que* é possível: qualquer um pode viver uma vida singular, livre dos estereotipados padrões estabelecidos por uma sociedade emaranhada no pecado. Uma vida assim funde espontaneidade e propósito, tingindo a paisagem desértica com o verde jovial do significado. Também vemos na Bíblia *como* isso é possível: lançando-se numa vida de fé, participando do que Deus começa a fazer em cada vida, descobrindo o que ele está realizando em cada evento. Os homens e as mulheres que encontramos nos relatos bíblicos são notáveis pela vida intensamente focada em Deus, pela forma como cada detalhe se submete ao que Deus lhes diz, e ao que Deus lhes faz. São essas pessoas, em quem a consciência de participar do que Deus diz e faz é plena, as que mais se revelam humanas e cheias de vida. Essas pessoas são a prova de que nenhum de nós está obrigado a resignar-se diante desse viver medíocre, nem sequer por uma hora ou um dia mais.

UM MODELO DE HOMEM

Essa dupla qualidade das Escrituras — a capacidade de intensificar a paixão pela excelência combinada com o descaso em face das conquistas humanas — me impressiona de forma especial no livro de Jeremias.

Cleanth Brooks escreveu: "O ser humano procura um modelo de homem num mundo cada vez mais desumano, a fim de perceber melhor o que é ser homem — ou seja, o que é agir como um ser moral responsável, não vivendo à deriva como um objeto inanimado qualquer".[3] Para mim, Jeremias é esse "modelo de homem", uma vida pautada pela excelência que os gregos chamavam de *aretē*. O livro de Jeremias deixa claro que essa excelência é o resultado de uma vida de fé, de interessar-se mais por Deus do que por si mesmo, uma vida que tem pouco a ver com auto-estima, conforto ou realizações. Eis uma pessoa que viveu plenamente a vida, mas sem um traço sequer de orgulho humano, sucesso diante do mundo ou grandes conquistas na história. Jeremias eleva minha paixão por uma vida plena, ao mesmo tempo que, firmemente, fecha as portas para qualquer tentativa de alcançá-la pela autopromoção, autogratificação ou pelo autodesenvolvimento.

É extremamente difícil retratar a bondade de forma agradável; é muito mais fácil tornar um canalha atraente. Todos nós temos muito mais experiência do pecado do que da bondade. Por essa razão, qualquer escritor tem mais material para criar um personagem mau do que um bom. Nos romances, poemas e nas peças teatrais as personagens mais marcantes ou são ou vítimas ou vilões. Pessoas boas, vidas virtuosas, são quase sempre consideradas enfadonhas. Portanto, Jeremias é uma curiosa exceção. Esse livro tem despertado meu interesse por um

[3] *The Hidden God*. New Haven: Yale University Press, 1963, p. 4.

longo tempo nesta fase adulta da vida. A complexidade e o vigor desse profeta cativaram minha atenção. As qualidades marcantes de Jeremias são bondade, virtude e excelência. Ele viveu a vida em sua totalidade. No entanto, sua piedade não o livrou das dificuldades, pois enfrentou devastadoras tempestades de rancor e a fúria de dúvidas amargas. Não há um traço sequer de presunção, complacência ou ingenuidade em Jeremias — o empenho de cada músculo do seu corpo foi exigido até o limite da fadiga; cada pensamento foi objeto de rejeição; cada sentimento do seu coração foi ridicularizado. A bondade em Jeremias não poderia ser traduzida pela expressão "gente fina". A palavra mais adequada talvez fosse *bravura*.

Jeremias, portanto, supre nossas necessidades pessoais de um exemplo de vida. Ademais, ele também tem grande importância pastoral e, como se sabe, os interesses pessoais e pastorais convergem. Como pastor, eu procuro encorajar os outros a viver da melhor forma possível e os oriento apontando maneiras de alcançar essa meta. Como, porém, fazer isso sem incitar o orgulho e a arrogância? Como estimular o apetite pela excelência sem, ao mesmo tempo, alimentar um propósito egoísta disposto a atropelar qualquer um que apareça no meio do caminho? Em nossos dias muitas vozes se levantam encorajando com insistência a busca de uma vida melhor. Eu dou boas-vindas a esse encorajamento. Porém, os conselhos que vêm logo depois das palavras de estímulo têm provocado danos infindáveis à nossa sociedade. Por essa razão, me posiciono radicalmente contra essa linha de orientações. Tais conselhos apregoam a possibilidade de alcançar a plenitude de nossa humanidade através da total satisfação dos desejos. Isso tem constituído a receita do sofrimento para milhões de pessoas.[4]

O conselho bíblico sobre esse tema é muito claro: "Não a minha vontade, mas a tua". Porém, como guiar as pessoas à negação do próprio ego, sem levá-las a um entendimento equivocado que as transforme em capachos nos quais os ou-

[4] "Maslow escreveu em 1968: 'a única maneira de sabermos se algo é certo é avaliando subjetivamente se sentimos que tal opção parece melhor do que qualquer outra'; e: 'o que parece bom é também, em termos de crescimento, "melhor" para nós'. Nenhum outro modo de pensar tem sido mais pernicioso para a sociedade moderna. Aplicar os termos 'sentir' e 'subjetividade' como critério para o 'crescimento' é extremamente enganoso. A suposição de que alguém 'cresce' ao escolher 'o que parece bom' simplesmente contraria a verdade. Em muitos casos, é o oposto que é verdade. Se o judeu Abraham Maslow estivesse certo nessa sua afirmação, Israel não teria existido na história humana." André LACOCQUEL & Pierre-Emmanuel LACOCQUEL. *The Jonah Complex*. Atlanta: John Knox, 1981, p. 106.

tros limpam os pés? A grande dificuldade do ofício pastoral consiste em estimular as pessoas a crescer em excelência e a deixar o egocentrismo, ou seja, consiste em ensiná-las a, ao mesmo tempo, encontrar o eu e perdê-lo. Essa idéia é paradoxal, porém não impossível; e Jeremias se destaca entre aqueles que conseguiram atingir esse ideal. Ele apresentava um ego totalmente desenvolvido — logo, capaz de chamar a atenção — porém, ao mesmo tempo, era uma pessoa inteiramente desinteressada em si mesma e, portanto, muito madura. Assim, esse homem, por mais de vinte e cinco anos, tem sido um exemplo e um mentor para mim em conversas, palestras e sermões.

A BUSCA DA EXCELÊNCIA

Vivemos numa sociedade que procura nos rebaixar ao nível de formigas, fazendo com que nos apressemos para obter e consumir tudo afoitamente. É essencial, portanto, que caminhemos na contramão. Jeremias andou na contramão. Foi um ser humano de visão ampla, saudável e maduro, que viveu pela fé. Pretendo aqui, portanto, selecionar as passagens biográficas do livro de Jeremias e refletir sobre elas, enfocando seu valor tanto pastoral como pessoal, e aplicando-as ao contexto presente, à vida em seu dia-a-dia. Conhecemos mais sobre a vida de Jeremias do que de qualquer outro profeta, e sua vida é muito mais significativa do que seu ensino.[5] Quando Jesus perguntou aos discípulos quem o povo afirmava ser o Filho do Homem, Jeremias foi um dos nomes mencionados (Mt 16:14). Creio ser este um fato notável. Assim, ao dedicar total atenção à leitura do livro de Jeremias refletindo sobre ele, espero gerar uma intensa insatisfação com qualquer coisa que não represente o melhor de nós mesmos. Meu desejo é apresentar dados originais, demonstrando que a única maneira como qualquer um de nós pode viver o máximo de seu potencial é por intermédio de uma fé enraizada em Deus. Todos precisamos ser exortados a dar nosso melhor, temos que ser conscientizados de nossos hábitos moralmente duvidosos, ser admoestados a abandonar atividades insignificantes e triviais que tomam de nós tempo precioso.

[5] "O livro de Jeremias não só ensina verdades religiosas como também apresenta uma personalidade religiosa. A profecia já havia ensinado suas verdades, seu último esforço foi revelar-se a si mesmo em uma vida" (A. B. DAVIDSON, citado em John SKINNER, *Prophecy and Religion*. Londres: Cambridge University Press, 1963, p. 16).

O livro de Jeremias age assim sobre mim. E não só sobre mim. Milhões de cristãos e judeus têm sido estimulados e orientados rumo à excelência ao observarem as palavras de Deus expressas por intermédio desse profeta.

Procurei organizar as passagens que escolhi para reflexão em ordem cronológica. A razão disso é que o livro de Jeremias não foi disposto cronologicamente e há mais em suas páginas do que somente material biográfico. Isso significa que, com freqüência, os leitores confundem-se com as transições e enfrentam dificuldades para encontrar o cenário correto das profecias. Não tentei decifrar esses quebra-cabeças ou explicar as dificuldades. Tampouco descrevi o complexo cenário histórico internacional vigente naquela época, um conhecimento de imensa utilidade na leitura de Jeremias. Para isso, seria necessário escrever outro tipo de livro, muito mais extenso. Para os leitores que desejam ampliar sua compreensão de Jeremias e caminhar pelo texto detectando maiores detalhes, recomendo três livros: *Jeremias e lamentações: Introdução e comentário*, de R. K. Harrisson (Edições Vida Nova), uma boa e agradável introdução ao mundo e ao texto desse profeta; *The Book of Jeremiah*, de John A. Thompson (Eerdmans), útil para um exame mais profundo e avançado; e *Jeremiah*, de John Bright (Doubleday), para um estudo completo do profeta e de suas profecias.

COMPETINDO COM CAVALOS

O filósofo e mártir tcheco Vitezslav Gardavsky, morto em 1978, elegeu Jeremias como seu "modelo de ser humano" em sua campanha contra uma sociedade que planejava cuidadosamente cada detalhe da existência material, porém eliminava da vida o mistério e o milagre, extirpando assim toda a verdadeira liberdade. Ele escreveu em seu livro *God Is Not Yet Dead* [Deus ainda não está morto] que a terrível ameaça contra a vida não é a morte nem a dor, nem qualquer tipo de desastre contra os quais nós tão obsessivamente procuramos nos proteger com nossos sistemas sociais e estratégias pessoais. O grande perigo é, na verdade, "morrermos antes de realmente morrer, antes que a morte nos sobrevenha como um fato natural. O verdadeiro horror reside exatamente nessa *morte* prematura, após a qual continuamos a viver por muitos anos".[6]

[6] James BENTLEY. "Vitezslav Gardavsky, Atheist and Martyr". *The Expository Times*, junho de 1980, p. 276-277.

Há um episódio memorável da vida de Jeremias que mostra quando, esmagado pela oposição e mergulhado na autopiedade, ele esteve a ponto de capitular, entregando-se à morte prematura. Jeremias estava pronto a abandonar seu chamado divino e tornar-se apenas mais um dado estatístico em Jerusalém. Naquele momento crítico, o profeta ouviu esta admoestação: "Se te fatigas correndo com homens que vão a pé, como poderás competir com os que vão a cavalo? Se em terra de paz não te sentes seguro, que farás na floresta do Jordão?" (Jr 12:5). O bioquímico Erwin Chargaff atualizou essas questões: "O que você deseja conquistar? Grandes fortunas? Comida mais barata? Uma vida mais feliz e mais duradoura? É poder sobre seu próximo o que você persegue? Estará você apenas procurando escapar da morte? Ou será que você busca maior sabedoria e devoção mais profunda?".[7]

A vida é difícil, Jeremias. Você vai desistir diante da primeira onda de oposição? Vai bater em retirada quando descobrir que há muito mais por que viver do que três refeições diárias e um lugar seco para descansar à noite? Vai se refugiar em casa no instante em que descobrir que multidões de pessoas estão mais interessadas em manter seus pés aquecidos do que viver em perigo para a glória de Deus? Você vai levar uma vida medrosa ou corajosa? Eu o chamei para que você dê o melhor de si, para que você persiga a justiça e mantenha a direção no rumo da excelência. É muito mais fácil, como você bem sabe, ser um neurótico. É muito mais simples viver como um parasita. É menos complexo relaxar e deixar-se levar pelos braços da maioria. Mais fácil, porém não melhor, nem mais importante ou compensador. Eu o chamei para uma vida de propósito, muito além do que você pensa ser capaz de viver e prometi dar-lhe forças suficientes para cumprir seu destino. Agora, porém, ao primeiro sinal de dificuldade, você está disposto a desistir. Se você se sente fatigado por essa multidão de patéticas mediocridades, o que fará quando a verdadeira corrida começar, contra os velozes e determinados cavalos da excelência? O que você realmente deseja, Jeremias? Quer arrastar-se, acompanhando a multidão ou almeja correr com os cavalos?

É compreensível que existam desistências rumo à excelência, desvios diante dos riscos, quedas ao longo do caminho da fé. É mais fácil ajustar-se ao mínimo

[7] *Heraclitean Fire.* New York: The Rockfeller University Press, 1978. p. 122.

("um bípede sem penas") e viver com segurança dentro dessa definição do que ajustar-se ao máximo ("pouco menor que Deus"), vivendo aventuras marcantes nessa bela realidade. É improvável, creio eu, que Jeremias tenha sido rápido ou irrefletido em sua resposta à pergunta de Deus. Os inebriantes ideais de uma nova vida haviam sido sobrepujados pelo cinismo mundial. A impetuosidade, euforia e entusiasmo juvenis não mais estimulavam o profeta. Ele pesou as opções, avaliou o custo, agitou-se em seu íntimo. Sua resposta não foi dada verbalmente, mas por meio de sua biografia. A vida de Jeremias foi sua resposta: "Eu correrei com os cavalos".

2

O MAIS ANIMADO DOS PROFETAS

Palavras de Jeremias, filho de Hilquias, um dos sacerdotes que estavam em Anatote, na terra de Benjamim; a ele veio a palavra do SENHOR...

JEREMIAS 1:1-2

O que há por trás de um nome? A história da raça humana é constituída de nomes. Nossos amigos materialistas e interessados em números não conseguem compreender isso porque se movem em um mundo de objetos que podem ser contados e numerados. Eles reduzem os grandes nomes do passado a pó e cinzas. Chamam isso de história científica. No entanto, todo o significado da história está no fato indiscutível de que existiram pessoas no passado que precisamos conhecer.

EUGEN ROSENSTOCK-HUESSY[1]

[1] *Speech and Reality.* Norwich, Vermont: Argo Books, 1970, p. 167.

Lembro-me de que a primeira coisa que eu quis ser quando menino foi um guerreiro indígena. A região em que nasci e cresci fora um território indígena havia apenas duas gerações. Era possível caminhar da minha casa até o pé das Montanhas Rochosas em apenas vinte minutos. Quase todos os sábados de minha infância eu, levando um pequeno lanche, passava o dia caminhando por aquelas colinas, explorando florestas e riachos, imaginando travar intensas batalhas com índios em emboscada.

Se alguém me perguntasse hoje os detalhes do que eu fazia naquelas caminhadas, creio que não seria capaz de responder, mas os sentimentos que tive ainda permanecem intensos e vívidos na memória: um sentimento de aventura no deserto em contraste com a segura e corriqueira vida na cidade; um sentimento de participar da luta do bem contra o mal, decorrente das histórias que então me contavam de índios tirando a vida e o escalpo de inocentes viajantes.

Todas as grandes histórias do mundo apresentam um ou outro dos seguintes temas: que a vida inteira é uma viagem de exploração do tipo *Odisséia*, ou que é uma batalha semelhante à narrada na *Ilíada*, ambos poemas épicos atribuídos ao grego Homero. As histórias de Ulisses e Aquiles são arquétipos. A infância de cada pessoa é a matéria-prima que pode ser moldada pela graça na forma de uma vida de fé madura.

A maioria de meus equívocos ocorreu naqueles sábados maravilhosos. O deserto que eu pensava explorar era, na verdade, propriedade da Great Northern Railroad e estava destinado à destruição por alguns executivos que trabalhavam num prédio em Nova York. Mais tarde, aprendi que os índios que pensei serem assassinos eram, na realidade, pessoas nobres e generosas, vítimas da ganância dos primeiros colonizadores. Minhas idéias estavam erradas, porém duas coisas estavam basicamente certas no que vivenciei. A primeira é que havia muito mais para experimentar do que tinham me apresentado em casa e nos bancos escolares, nas ruas e nas vielas de minha cidade, sendo importante descobrir, alcançar e explorar tudo. A segunda é que a vida era uma luta do bem contra o mal e que essa batalha tinha como alvo os mais altos interesses — a vitória do que é bom sobre o que é mau, da bênção sobre a maldição. De fato, a vida é uma contínua exploração da realidade. É também uma batalha constante contra tudo e contra todos os que corrompem ou diminuem sua realidade.

Depois de passar alguns anos explorando aquelas colinas sem jamais encontrar índio algum, concluí que os antigos guerreiros não existiam mais. Conseqüentemente, fui forçado a abandonar minha fantasia infantil, e o fiz no tempo certo, já que havia descoberto que, a longo prazo, as realidades são infinitamente melhores que as fantasias. Em contrapartida, ao mesmo tempo me senti pressionado a abandonar as convicções de que a vida é uma aventura e uma luta. Eu não tinha, como ainda não tenho, vontade alguma de participar disso.

Algumas pessoas, à medida que crescem, tornam-se menores. Como crianças, elas nutrem idéias gloriosas sobre quem são e sobre o que a vida é para elas. Passam-se trinta anos e então descobrimos que essas pessoas correram em busca de algo tolo e sem valor. A que se pode atribuir essa transformação da aspiração infantil numa anemia adulta?

Outras pessoas, ao contrário, à medida que crescem, tornam-se maiores. Sua vida não é uma ladeira inevitável que leva à monotonia, mas sim uma subida rumo à excelência. Esse foi o caso de Jeremias. Esse homem viveu cerca de sessenta anos e não há em sua vida sinais de decadência ou senilidade. Ele sempre tentava ampliar os limites da realidade, explorando novos territórios. Sempre se portou com vigor em batalha, desafiando e contestando o mal, o falso, o vil.

Como ele conseguiu isso? Como eu posso conseguir isso? Como abandonar as fantasias da infância e, simultaneamente, aumentar minha percepção das realidades da vida? Como deixar para trás a infância e, ainda assim, manter as noções próprias dessa fase — de que a vida é uma aventura, de que a vida é uma batalha?

O QUE HÁ POR TRÁS DE UM NOME?

O livro de Jeremias se inicia com um nome próprio, ou seja, *Jeremias*. Seguem-se outros sete nomes: Hilquias, Benjamim, Josias, Amom, Judá, Jeoaquim e

Zedequias. Os nomes próprios constituem o aspecto mais importante da fala em nossa língua. Da mesma forma, o conjunto de nomes próprios que abre o livro de Jeremias toca o diapasão dando o tom exato daquilo que é o traço mais característico desse livro profético: o que é pessoal em contraste com o comportamento estereotipado; o que é individual em contraposição à multidão uniforme; o espírito singular contra a consciência cultural coletiva. O livro no qual encontramos os mais memoráveis registros sobre o que significa ser humano, num sentido amplo e completo, se inicia com nomes próprios.

Nomear é uma ação que focaliza o essencial. O ato de atribuir nomes, que ocorre prematuramente na vida de cada pessoa, tem enorme significado. A partir deste sextante, o curso de uma vida em sua busca pela justiça é estabelecido nos oceanos da realidade. Eugen Rosenstock-Huessy explicou o que significa o ato de nomear: "O nome é o aspecto do discurso no qual não falamos *sobre* pessoas, coisas ou valores, mas sim *para* pessoas, coisas e valores... O nome é a maneira certa de dirigir-se a alguém e também o meio pelo qual fazemos ele ou ela responder. O propósito original da linguagem é que o nome seja usado para levar as pessoas a responder".[2]

Quando nascemos recebemos um nome e não um número. O nome é aquela parte da fala pela qual somos reconhecidos como pessoa. Não somos classificados como espécimes animais. Tampouco somos rotulados como um composto químico. Não somos avaliados à base de um suposto valor econômico e então recebemos um preço. O que recebemos é um nome. O nome que recebemos não é tão importante quanto o fato de que nós somos seres com nome.

A estatura impressionante de Jeremias como ser humano — Ewald o denomina como o "mais humano dos profetas"[3] — e a crescente vitalidade de sua humanidade ao longo de sessenta anos encontram sua fonte em seu nome, isto é, na seriedade crucial com que ele considera seu próprio nome e o de outros. "Ser chamado pelo verdadeiro nome é parte do processo pelo qual qualquer ouvinte deve passar a fim de tornar-se um genuíno eu. Nós temos que receber um nome

[2] *I Am an Impure Thinker.* Norwich, Vermont: Argo Books, 1970, p. 41-42.
[3] Citado por SKINNER. *Prophecy and Religion*, p. 350.

dos outros; isso compõe o processo de nascer num sentido completo."[4] Jeremias recebeu um nome e viveu mergulhado em meio a nomes. Ele nunca foi reduzido a uma mera função, nem absorvido por uma tendência sociológica ou arremessado para dentro de uma crise histórica. Sua identidade e importância se desenvolveram a partir do recebimento de um nome e de sua reação em face desse nome recebido. O mundo desse profeta não foi apresentado por meio de uma descrição do cenário ou da cultura da época, mas pela menção de oito nomes próprios.

Sempre que deixarmos de lado os nomes próprios e adotarmos rótulos abstratos ou estatísticas, menor será o contato que teremos com a verdadeira realidade. Agindo assim diminuiremos nossa capacidade de lidar com o que é melhor e que ocupa o centro da vida. Apesar disso, por todos os lados somos pressionados a agir exatamente dessa maneira. Em muitas áreas da vida, o número de nossa carteira de identidade é mais importante do que a integridade com que vivemos. Em muitos setores da economia, o título que ostentamos é muito mais significativo do que nossa habilidade de executar certas tarefas. Em muitas situações, a nossa imagem pública fala mais alto do que os relacionamentos pessoais que desenvolvemos. Toda vez que nos movemos do pessoal para o impessoal, do imediato para o remoto, do concreto para o abstrato, sofremos redução, tornamo-nos inferiores. É necessário resistir se quisermos manter nossa humanidade.

Thomas Merton advertiu: "É um desastre espiritual para o homem contentar-se com sua identidade exterior, com a fotografia de seu passaporte. Será que sua vida se resume apenas às suas impressões digitais?"[5]. Porém, a fotografia do passaporte, muito provavelmente, é preferível, sendo até exigida, na maioria de nossas relações neste mundo.

Ao me preparar certa vez para viajar ao exterior fui obrigado, como qualquer um, a tirar passaporte. Para isso apresentei minha certidão de nascimento junto com um formulário preenchido. O funcionário da Polícia Federal a quem entreguei os documentos era um homem que eu conhecia havia dezenove anos apenas pelo nome. Ele recusou o formulário porque eu havia entregue uma cópia de

[4] ROSENSTOCK-HUESSY. *I Am an Impure Thinker*, p. 66.
[5] *The New Man.* New York: Mentor-Omega Books, 1961, p. 120.

minha certidão. Então entreguei o documento original que foi igualmente rejeitado porque devia estar impresso em alto-relevo. Finalmente, escrevi ao Estado no qual havia nascido e adquiri uma segunda via conforme me solicitaram. Ao longo de todo esse tempo eu estava lidando com uma pessoa que sabia meu nome e tinha observado minha vida na comunidade por dezenove anos. Contudo, esse conhecimento pessoal e em primeira mão foi rejeitado em favor de um documento impessoal.

Creio que posso reconstruir os passos que resultam em tais procedimentos. Existe o perigo de espionagem estrangeira. Nosso governo tem a responsabilidade de manter a segurança da nação. Seria inaceitável depender da lealdade e do conhecimento pessoal de um agente para determinar a verdadeira identidade das pessoas. Insistir na obtenção de uma certidão de nascimento em relevo é uma forma de se precaver contra falsificações.

No meu caso, todo aquele procedimento não só foi tão frustrante como engraçado. Mas o incidente em si, um inconveniente sem maior importância, mostra o sintoma de um perigo maior para nossa humanidade: se eu for, freqüente e autoritariamente, tratado de forma impessoal, vou começar a me enxergar da mesma maneira. Passarei, então, a pensar sobre mim apenas em termos de como me encaixar nas normas estatísticas; vou me avaliar tendo por base minha utilidade; determinarei meu valor considerando o quanto os outros me aceitam ou não. Durante o processo em que me sujeitei àquelas formalidades, descobri-me definido por um rótulo, forçado a assumir um papel, funcionando no mesmo nível do número de minha carteira de identidade. Tal situação exige firmes e constantes esforços para manter nossos nomes em primeiro lugar, uma vez que são muito mais importantes do que tendências econômicas, crises urbanas e avanços em viagens interplanetárias. Pois um nome faz referência a uma única criatura humana. Por meio do nome, reconhece-se que sou esta pessoa e não outra.

Ninguém pode avaliar minha importância a partir da análise do trabalho que executo. Ninguém pode determinar meu valor pela estipulação do salário que vai me pagar. Nenhuma pessoa é capaz de conhecer o que está em minha mente examinando meus registros escolares. Tampouco alguém pode me conhecer medindo minha altura ou meu peso. Chamem-me pelo nome.

UM CAMINHO DE ESPERANÇA

Os nomes não apenas revelam o que somos, humanos insubstituíveis, mas também antecipam aquilo em que, mais tarde, nos tornamos. Os nomes nos convocam para ser quem nós seremos. Toda uma vida de crescimento e desenvolvimento é anunciada por meio de um nome. Os nomes *significam* algo. Um nome próprio designa o que é inevitavelmente pessoal; também nos convoca a ser o que ainda não somos.

O significado de um nome não é descoberto por meio do estudo etimológico ou da introspecção. Também não se torna válido pela aprovação burocrática e, certamente, não se desenvolve a partir da popularidade vaidosa. O significado de um nome não se encontra no dicionário, nem nas regiões do inconsciente e, muito menos, em seu tamanho. Encontra-se no *relacionamento* — com Deus. Foi Jeremias, a quem "veio a palavra do SENHOR", que percebeu seu autêntico e eterno ser.

Nomear é um caminho de esperança. Damos nome a uma criança pensando em uma qualidade que gostaríamos que ela desenvolvesse, ou em alguém a quem esperamos que ela se assemelhe. Pode ser um santo, um herói, um ancestral que admiramos. Alguns pais dão nomes a seus filhos de forma vulgar, pensando em artistas de cinema e em pessoas milionárias. Inofensivo? Engraçado? Talvez. No entanto, nós realmente podemos assumir as identidades que nos foram prescritas. Milhões exibem a superficialidade dos atores e a ganância própria dos milionários porque, em parte, pessoas importantes de sua vida atribuíram-lhes papéis ou criaram ilusões acerca deles, falhando, contudo, em anelar que alcançassem um futuro realmente humano.

Quando pego uma criança em meu colo no momento do batismo e pergunto aos pais: "Qual é o nome cristão deste bebê?", não estou apenas perguntando: "Quem é este bebê que estou segurando?", mas também, "Em quem vocês desejam que este bebê se transforme? Quais são suas esperanças para esta vida que se inicia?". George Herbert conhecia o poder vocacional do ato de nomear quando instruiu seus colegas pastores, na Inglaterra do século XVI, para que, no ato do batismo, "não admitissem nomes vãos ou fúteis".[6]

[6] *The Country Parson.* New York: Paulist Press, 1981, p. 85.

O condado de Yoknapatawpha, no Mississippi, é a região criada pelo romancista William Faulkner para mostrar a condição moral e espiritual da vida em nossos dias. Um exame dos diferentes tipos de homens e mulheres que lá vivem é um poderoso incentivo à imaginação que nos faz perceber os aspectos tragicômicos do que acontece entre nós na medida em que repetimos (ou não) as atitudes ali retratadas. No romance, uma das crianças recebeu o nome de Montgomery Ward.[7] Para ser mais preciso, Montgomery Ward Snopes*: nome perfeito para uma criança prestes a ser treinada para ser um consumidor por excelência. Se você deseja que seu filho cresça consumindo e gastando sem nenhum controle, seja um ávido leitor de todo o material de propaganda disponível nos *shoppings* e alimente seu desejo de adquirir mais e mais coisas. Então esse será o nome certo para ele: Montgomery Ward Snopes, santo padroeiro daqueles para quem o ritual de ida ao *shopping* constitui uma nova forma de culto, a loja de departamentos é um tipo moderno de catedral, e o material de propaganda passou a assumir o *status* de bíblia infalível.

Uma das tarefas mais importantes de uma comunidade de fé é anunciar, urgente e claramente, o tipo de vida no qual podemos crescer, a fim de nos auxiliar a fixar a visão naquilo que reflete o que é um ser humano completo. Nenhum de nós, no presente momento, está completo. Numa hora ou outra, amanhã ou depois, seremos transformados. Estamos no processo de nos tornarmos mais ou menos, ou seja, superiores ou inferiores. Há milhões de mudanças químicas e elétricas acontecendo em nós, neste exato momento. Também há complexas decisões morais e transições espirituais ocorrendo. O que estamos nos tornando? Pessoas superiores ou inferiores?

João, ao escrever para as primeiras comunidades cristãs, afirmou: "Amados, agora, somos filhos de Deus, e ainda não se manifestou o que haveremos de ser. Sabemos que, quando ele se manifestar, seremos semelhantes a ele, porque haveremos de vê-lo como ele é" (1Jo 3:2). *Somos* crianças, mas *seremos* adultos. Podemos ver o que somos agora; somos filhos de Deus. Ainda não conseguimos

[7] William FAULKNER. *The Town*. New York: Random House, 1957, p. 112ss.

* Nome de uma antiga e conhecida empresa de vendas por catálogo com sede em Chicago, nos Estado Unidos. (N. do R.)

ver os resultados finais daquilo em que estamos nos tornando, porém conhecemos o alvo, ser semelhante a Cristo, ou como nas palavras de Paulo, chegar à "perfeita varonilidade, à medida da estatura da plenitude de Cristo" (Ef 4:13). Nós não nos deterioramos, nem nos desintegramos. *Nós nos tornamos.*

Certa vez, durante uma entrevista, perguntaram a William Stafford: "Quando você decidiu ser poeta?". Ele respondeu que aquela pergunta havia sido formulada de forma errada: todos nascem poetas — um ser descobrindo o som das palavras e como funcionam, cuidando delas e se deleitando nelas. "Eu apenas prossigo fazendo o que todos começam e param", respondeu ele. "A pergunta certa é por que as pessoas param de fazê-lo?"[8]

Jeremias prosseguiu realizando o que os demais começaram a fazer, ou seja, ser humano. E ele não parou. Por mais de sessenta anos, Jeremias viveu o significado de seu nome. O significado exato de *Jeremias* é incerto: pode ser "aquele que exalta o Senhor" ou, ainda, "o Senhor lança". Seja como for, é certo que "Senhor", o nome pessoal de Deus, está no nome desse profeta.

No dia em que seu filho nasceu, Hilquias e sua esposa lhe deram um nome antevendo a maneira como Deus agiria em sua vida. Em esperança, eles vislumbraram os anos vindouros e viram o filho como alguém em cuja vida o Senhor seria exaltado: *Jeremias* — o Senhor é exaltado. Ou, com o mesmo olhar da esperança, eles contemplaram o futuro e vislumbraram no filho uma pessoa que seria lançada na comunidade como um dardo representativo de Deus, invadindo as defesas do egoísmo com a justiça e a misericórdia divinas: *Jeremias* — o Senhor lança. Nos dois significados Deus está inserido no nome. A vida de Jeremias foi composta pela ação de Deus. Os pais do profeta viram a história de seu pequeno filho como um campo no qual o humano e o divino se integrariam. A vida de Deus, de uma forma ou de outra, encontraria expressão naquele menino. Dar um nome a um filho não deve refletir a satisfação de um capricho; é uma expressão

[8] Eu parafraseei a pergunta e a resposta que, literalmente, são: "Quando você percebeu que queria ser um poeta?". "Eu pensei a respeito e inverti a questão. Minha pergunta é 'quando as outras pessoas desistiram da idéia de ser poetas?' Como você sabe, quando somos crianças compomos, escrevemos e, para mim, o enigma não reside no fato de algumas pessoas escreverem, mas a questão real é por que as outras pararam?" (*Writing the Australian Crawl*. Ann Arbor: University of Michigan Press, 1978, p. 86).

de esperança relativa ao futuro. E "a esperança não é um sonho, mas uma forma de transformar os sonhos em realidade" (cardeal L. J. Suenens).

Nenhuma criança é somente uma criança. Cada uma delas é uma criatura por meio da qual Deus pretende realizar uma obra gloriosa e grandiosa. Ninguém é somente um produto dos genes dos pais. Quem nós somos e o que seremos é definido pelo que Deus é e faz. O amor, a providência e a salvação de Deus estão incluídos na realidade de nossa existência, junto com nosso metabolismo, tipo sangüíneo e impressões digitais.

A maioria dos nomes das pessoas, ao longo da história de Israel, foi composta com o nome de Deus. Os nomes antecipavam o que cada um seria quando crescesse. *Josias*, significa Deus sara; *Jeoaquim*, o Senhor eleva; *Zedequias*, o Senhor é justo; *Jeremias*, o Senhor exalta ou o Senhor lança. Algumas dessas pessoas realmente viveram de acordo com o significado de seus nomes. Entre eles, Jeremias e Josias. Outros, como Jeoaquim e Zedequias, não justificaram os nomes que ostentavam, pois suas vidas contrariaram a grande promessa que seus nomes proclamavam. Zedequias recebeu um nome glorioso, mas não foi fiel a ele. Igualmente, Jeoaquim recebeu um grande nome, mas deu-lhe as costas.

Havia pelo menos três categorias nas quais Jeremias poderia ter permanecido incógnito, assumindo um lugar entre os religiosos profissionais da época: profeta, sacerdote ou doutor. Esses eram os papéis desempenhados por pessoas que se interessavam pelas coisas de Deus e pelos caminhos trilhados pela humanidade. A recusa de Jeremias em aceitar quaisquer dos papéis disponíveis e sua excêntrica insistência em vivenciar a identidade que seu nome sugeria colocaram-no em patente contraste com a passividade erosiva daqueles que eram moldados pelas expectativas da opinião pública e que se reuniam satisfeitos com suas mensagens. Sua preponderante integridade expunha as superficiais complacências nas quais viviam. Eles foram provocados e, então, se enfureceram: "Então, disseram: Vinde, e forjemos projetos contra Jeremias; porquanto não há de faltar a lei ao sacerdote, nem o conselho ao sábio, nem a palavra ao profeta; vinde, firamo-lo com a língua e não atendamos a nenhuma das suas palavras" (Jr 18:18). Todos, sacerdotes, profetas e sábios, sentiram seu bem-estar profissional ameaçado pela singularidade de Jeremias. Tomados de pânico, eles planejaram sua desgraça. Suas "leis", "conselhos" e "palavras" corriam o risco de serem expostos como piedosas fraudes pela vida honesta e cativante de Jeremias.

Os franceses falam de uma *deformation professionelle* — uma área suscetível ao equívoco, uma tendência ao erro que é inerente ao papel assumido por alguém, seja médico ou advogado. A deformação à qual os sacerdotes, profetas e sábios estão sujeitos é considerar Deus uma mercadoria, utilizá-lo para legitimar o egoísmo. Essa distorção é muito freqüente e fácil de encontrar. Ela aparece sem intenção deliberada.

> O que eu nunca pude prever
> Foi a marcha do dia depois da aurora
> Enfraquecendo a vontade em meu ser
> Levando após si todo o brilho de outrora...[9]

Um nome próprio, não uma função, é nosso passaporte para a realidade. Ele também funciona como fator de contínua orientação. Qualquer outra forma de identificação — título, profissão, números, documentos — é inferior ao nome. À parte do nome que nos identifica como alguém singular e pessoal, damos espaço para fantasias além de nosso alcance, considerando a situação do mundo atual e, assim, vivemos de modo ineficaz e irresponsável. Ou, então, vivemos com base nos estereótipos que nos são apresentados pelas outras pessoas e que são contrários à singularidade com que fomos criados por Deus, reduzindo nossa existência ao simples tédio, sem brilho algum.

Jeremias — um nome ligado ao nome e à ação de Deus. Deus era a única coisa mais importante para ele do que seu próprio ser. Ele lutou em nome de Deus e explorou a realidade divina, crescendo, desenvolvendo-se e amadurecendo no curso desse processo. Ele sempre buscou alcançar novos limites, encontrar mais verdades, tornando-se mais íntimo de Deus, mais ele mesmo, mais humano.

[9] Stephen SPENDER. *What I Expected Was*. Em Helen GARDNER (ed.). *The New Oxford Book of English Verse 1250-1950*. Nova York: Oxford University Press, 1972, p. 930.

13/08/2009

3

O RESGATE DA DIGNIDADE

Antes que eu te formasse no ventre materno, eu te conheci, e, antes que saísses da madre, te consagrei, e te constituí profeta às nações.

JEREMIAS 1:5

Que ciência será capaz de desvendar ao homem a origem, a natureza e o caráter do poder consciente de amar e desejar que constituem sua vida? Certamente, essa energia não é colocada em ação por nosso esforço nem de qualquer outra pessoa ao nosso redor. Tampouco é nossa solicitude ou a de qualquer um de nossos amigos que tem o poder de barrar essa torrente ou controlar seu curso. Podemos, é claro, detectar nas gerações passadas alguns dos antecedentes dessa torrente que nos assola, assim como somos capazes de regular ou aumentar a abertura pela qual essa torrente nos alcança, utilizando certos conceitos morais ou a disciplina e os estímulos físicos. No entanto, esses artifícios não nos auxiliam, na teoria ou na prática, a controlar as fontes da vida. Naquilo que sou, o que me foi concedido é muito mais do que aquilo que desenvolvi por mim mesmo. As Escrituras afirmam que o homem não é capaz de acrescentar um milímetro sequer à sua estatura. É mais incapaz ainda de adicionar qualquer unidade ao seu potencial para amar ou de acelerar, por qualquer outro meio, o ritmo fundamental que regula o amadurecimento de sua mente e seu coração. Em última instância, a vida em qualquer nível escapa inteiramente ao nosso domínio.

PIERRE TEILHARD DE CHARDIN[1]

[1]*The Divine Milieu*. New York: Harper and Bros., 1960, p. 48-49.

Certa vez eu estava sentado ao balcão de uma lanchonete no Brooklyn, saboreando um sanduíche e conversando com o dono do estabelecimento quando, passados quinze minutos de bate-papo informal, meu interlocutor postou-se à minha frente, assumindo uma pose de intensa concentração, e disse:

— Não me diga nada, mas você é de... deixe-me pensar... você veio de... Nebraska.

— Não — repliquei — sou de Montana.

Ele ficou visivelmente desapontado:

— Normalmente não costumo errar tão feio.

A partir daí, nosso diálogo ganhou novo ritmo. Fiquei sabendo que ele tinha muito orgulho de sua habilidade em distinguir os diferentes sotaques regionais. Pessoas vindas de todas as partes do país, e até de outros países, afluíam ao seu estabelecimento. Isso lhe possibilitou o desenvolvimento da audição, tornando-o capaz de descobrir a origem dos fregueses a partir de suas variadas maneiras de falar.

Senti-me lisonjeado por ser objeto de sua curiosidade. Até então, pelo que podia recordar, o único interesse que os comerciantes haviam demonstrado por mim era visando certificar-se de que estava sendo bem servido e que a informação sobre o preço estava correta.

A linguagem sempre fora informal e objetiva. Em geral, após me atender, o funcionário encerrava o diálogo ou entrava no terreno das fofocas. Porém, durante alguns minutos, naquela lanchonete no Brooklyn, alguém ouviu minhas palavras buscando mais do que apenas informação impessoal; aquele homem procurava *conhecimento*. Ele desejava saber de onde eu vinha e quais tinham sido minhas experiências para que minha pronúncia fosse do jeito que ele ouviu naquele dia. Eu não fui reduzido a um mero freguês vitimado pela fome que podia ser transformado em lucro. Eu tinha particularidades geográficas e peculiaridades lingüísticas. Havia mais em mim do que necessidades biológicas e potencial econômico, e ele estava interessado nesse algo mais ou, pelo menos, em parte dele.

Vivendo numa época controlada pela mídia, na qual as únicas coisas consideradas dignas de atenção ou merecedoras de manchete são as inusitadas ou extraordinárias, não estou acostumado a ser abordado daquela maneira. Ou ainda, inserido em uma sociedade capitalista em que cada pessoa é avaliada por seu potencial econômico e em que tempo significa dinheiro, não estou acostumado a ser objeto daquele tipo de atenção desinteressada. Porém, somente aquela forma de atenção diferenciada me permitiu expressar as muitas camadas de humanidade e sua complexa importância na constituição daquilo que sou. Divorciado do *antes*, o *agora* tem pouco significado. O *presente* é apenas uma fatia fina do que sou; isolado dos ricos depósitos do *antes*, ele não pode ser compreendido.

Por essa razão, biógrafos investigam a fundo os arquivos de família, psicólogos trazem à tona memórias reprimidas e questionam as histórias e os sentimentos vividos na infância. De igual forma, os apaixonados examinam os álbuns de fotografia na busca de fotos em que um ou outro aparece, sabendo que cada detalhe é capaz de aprofundar a compreensão que um tem do outro, intensificando, portanto, o amor que sentem. O *antes* é a raiz do *agora* visível. Nossa vida não pode ser lida como lemos nos jornais as notícias mais recentes; ela é um romance completo, com personagens e enredo, em que cada parágrafo é essencial para uma compreensão mais madura.

Sabendo que a humanidade desenvolvida e vibrante de Jeremias tinha, necessariamente, um histórico intrincado e complexo, nos preparamos para examiná-la. Porém, pouco nos é revelado. Apenas três dados históricos simples e diretos: o nome de seu pai, Hilquias; a vocação desse sacerdote e o local e seu nascimento, Anatote. Queremos, porém, saber mais. Sem informações suficientes, como poderemos obter uma compreensão apropriada da humanidade de Jeremias? Desejamos conhecer as condições sociais e econômicas de Anatote, de modo que possamos traçar sua influência sobre a paixão de Jeremias por justiça. Precisamos conhecer as características da personalidade de seu pai, a fim de avaliar a complexa vida emocional do menino. Ainda, é preciso saber se a mãe de Jeremias era superprotetora e quando ele foi desmamado, se desejarmos considerar a incrível persistência demonstrada pelo profeta na fase adulta. Temos que conhecer os métodos de ensino utilizados pelos mestres locais para distinguir o que é original e o que é convencional na pregação e no ensino de Jeremias. As questões se avolumam, e a falta de evidências nos causa frustração. Do que realmente necessitamos é a descoberta de um manuscrito sobre a Anatote do século VII a.C., que contenha histórias locais, dados estatísticos e informações; matéria-prima essencial para a reconstrução do mundo em que Jeremias nasceu.

Sonhamos com uma descoberta arqueológica. No entanto, o que temos diante de nós afigura-se como algo muito melhor — uma prova teológica. Em vez de sabermos o que os pais de Jeremias faziam, somos informados sobre o que Deus estava fazendo: "Antes que eu te formasse no ventre materno, eu te conheci, e, antes que saísses da madre, te consagrei, e te constituí profeta às nações" (Jr 1:5).

O PRIMEIRO MOVIMENTO

Antes de Jeremias conhecer a Deus, Deus o conhecia: "Antes que eu te formasse no ventre materno, eu te conheci...". Isso muda completamente tudo o que sempre pensamos sobre Deus. Achamos que Deus é um objeto sobre o qual temos muitas perguntas. Sentimos curiosidade a seu respeito e, portanto, formulamos muitas questões e lemos dúzias de livros sobre ele. Mergulhamos em discussões informais durante as madrugadas e vamos, de tempos em tempos, à igreja para verificar o que está acontecendo com Deus. Ocasionalmente, um lindo pôr-do-sol ou uma maravilhosa sinfonia nos levam a cultivar um sentimento de reverência ao divino.

No entanto, não é essa a realidade de nossa vida com Deus. Muito antes de começarmos a formular perguntas sobre Deus, ele já nos questionava. Bem antes de cultivarmos algum interesse nesse assunto, Deus nos submeteu ao mais intenso e inquiridor conhecimento. Antes de nossas mentes serem traspassadas pelo pensamento de que Deus poderia ser importante, ele nos concedeu importância. Deus nos conhecia antes de sermos concebidos no útero materno. Somos conhecidos antes de conhecer.

Essa percepção leva a um resultado prático: não correremos mais sem direção, tomados pelo pânico e pela ansiedade, procurando as respostas da vida. Nossa vida não é um quebra-cabeça a ser montado. Antes, corremos para Deus, que nos conhece e pode revelar-nos a verdade sobre nossa vida. O erro primário que cometemos é iniciar a busca conosco e não com Deus. Ele é o centro no qual toda a vida se desenvolve. Se usarmos nosso ego como o centro a partir do qual estabelecemos a geometria de nossa vida, viveremos de forma desvairada.

Todas as reflexões sábias corroboram as Escrituras. Entramos em um mundo que não foi criado por nós. Crescemos em direção a uma vida que já nos foi preparada. Estabelecemos relacionamentos complexos que incluem diferentes desejos e destinos, os quais já estavam em pleno desenvolvimento antes de termos chegado. Se quisermos viver de modo correto devemos ter consciência de que estamos dentro de um processo histórico em curso que não será concluído por nós, mas por Deus.

Minha identidade não tem início quando começo a me compreender. Há algo anterior que me leva a refletir sobre mim, e é o que Deus pensa a meu respeito. Isso significa que tudo o que imagino e sinto é, por natureza, uma resposta a ninguém mais que o próprio Deus. Eu nunca digo a primeira palavra. Jamais executo o primeiro movimento.

A vida de Jeremias não começou com ele. Tampouco sua salvação ou sua verdade. Ele entrou em um mundo no qual as partes essenciais de sua existência já eram história antiga. Assim também ocorre conosco.

Algumas vezes, quando participamos de uma conversa íntima e envolvente com três ou quatro pessoas, acontece de outra juntar-se abruptamente ao grupo e começar a dizer coisas, discutir posições e fazer perguntas em completa ignorância do que estava sendo discutido ao longo das duas últimas horas, totalmente alheio ao equilíbrio emocional tão delicado do diálogo. Quando isso ocorre, sinto vontade de dizer: "Você poderia calar a boca por alguns minutos? Apenas sente-se e ouça até que você compreenda o que está sendo discutido aqui. Entre em sintonia com o ambiente. Então, você será bem-vindo em nossa conversa".

Deus é mais paciente. Ele tolera nossas interrupções, volta atrás e nos satisfaz com velhas histórias. Deus repete a informação vital. Contudo, como seria melhor se aproveitássemos o tempo para tentar entender o rumo das coisas e descobrir onde nos enquadramos. A história na qual nossa vida se encaixa já está em curso quando entramos nela. É um diálogo caloroso e vibrante em que muitas vozes são ouvidas. Por isso, a atitude mais inteligente consiste em tentar descobrir a identidade de quem está por trás das vozes e familiarizar-se com o contexto no qual as palavras estão sendo proferidas. Então, lentamente, nos arriscarmos numa afirmação, expressarmos um pensamento, formularmos uma ou duas perguntas ou mesmo ousarmos fazer uma objeção. Não demorará muito tempo para que nos sintamos participantes regulares da conversa e, enquanto ela se desenvolve, nos conhecermos, bem como sermos conhecidos.

ESCOLHENDO LADOS

O segundo item do contexto histórico revelado em Jeremias é : "[...] antes que saísses da madre, te consagrei". Ser *consagrado* significa ser separado para Deus. Isso significa que o homem não é uma minúscula engrenagem, nem é a tecla de um piano na qual as circunstâncias executam as músicas do momento.[2] Isso significa que somos tirados daquela circunstancialidade frágil e incerta para participarmos de algo importante que Deus está realizando.

E o que Deus está realizando? Ele está salvando, está resgatando, abençoando, provendo, julgando, curando, esclarecendo. Há uma verdadeira batalha espiritual sendo travada. Uma intensa batalha moral. Há maldade, crueldade, infelicidade e doenças. Há superstição e ignorância; brutalidade e dor. Deus se levanta contínua e energicamente contra tudo isso. Ele é a favor da vida e contra a morte. Coloca-se ao lado do amor e opõe-se ao ódio. Favorece a esperança e combate o desespero. Deus é a favor do céu e contra o inferno. Não existe zona neutra no Universo. Cada centímetro quadrado é área de combate.

Antes mesmo de nascer, Jeremias foi convocado para lutar ao lado de Deus nessa batalha. Não lhe foram concedidos alguns anos nos quais pudesse observar ao redor, refletir e decidir em que lado se posicionaria ou mesmo se iria lutar em um dos lados. Ele foi escolhido como combatente do exército divino. E assim ocorre com todos nós. Ninguém nasce neste mundo para ser apenas um mero espectador. Não há meio-termo. Ou aceitamos a vida para a qual fomos consagrados ou, traiçoeiramente, desertamos. Não podemos dizer: "Espere um pou-

[2] "Homens ainda são homens, e não teclas de piano sobre as quais as mãos da Natureza tocam conforme seus doces desejos." Fiódor Dostoiévski. *Letters from the Underworld.* Nova York: E. P. Dutton & Co., 1957, p. 36. (Ed. bras. *Memórias do subsolo,* São Paulo: Editora 34, 2000.)

co! Ainda não me sinto pronto. Aguarde até que eu resolva algumas pendências".[3]

Por muito tempo os cristãos costumaram chamar-se uns aos outros de "santos". Todos eles eram santos, independentemente de sua conduta ser boa ou má, ou da muita ou pouca experiência que tinham. A palavra *santo* não se referia à qualidade ou virtude de seus atos, mas ao tipo de vida para o qual tinham sido escolhidos, ou seja, a vida no campo de batalha. Também não era um título outorgado depois de um feito espetacular, mas uma marca indicando de que lado eles estavam. A palavra *santo* é a forma substantiva do verbo *consagrar*, que deu a Jeremias uma forma espiritual antes mesmo de ele receber uma forma biológica.

No bairro em que eu morava quando estava cursando o ensino fundamental, todas as crianças eram mais velhas do que eu. Por essa razão, eu era sempre o último a ser escolhido na divisão dos times. Lembro-me de uma ocasião que ficou gravada em minha memória (apesar de, provavelmente, ter ocorrido outras vezes) quando todos os outros meninos já tinham sido escolhidos e fui deixado por último. Os capitães dos times discutiam sobre quem teria a ingrata tarefa de me escolher. De repente, percebi que quem me tivesse no time estaria em grande desvantagem. À medida que a discussão entre os capitães evoluía, minha cotação ia abaixo de zero.

Isso, porém, não acontece com Deus. Não somos um zero. Não somos sem valor. Há um lugar reservado que só pode ser preenchido por mim. Ninguém pode me substituir ou ocupar aquele lugar. Antes mesmo de ser bom em alguma coisa, Deus decidiu que eu era bom o suficiente para aquilo que ele estava realizando. Meu lugar na vida não depende do desempenho que tenho no exame de admissão. Tampouco é determinado pelo mercado que melhor se adapta a meu tipo de personalidade.

Deus opera para conquistar o mundo em amor e cada pessoa é selecionada da mesma maneira que Jeremias. O Senhor não fica esperando chegarmos à fase adulta para decidir se temos capacidade suficiente para integrarmos seu time ou

[3] Citado por E. F. SCHUMACHER. *A Guide for the Perplexed.* Nova York: Perennial Library, Harper & Row, 1977, p. 6.

não. Antes mesmo de nascermos, ele nos escolheu e nos consagrou para ficar do seu lado.

A GRANDE DÁDIVA

A terceira ação de Deus em relação a Jeremias, antes mesmo de ele realizar qualquer coisa por si mesmo, foi: "... te constituí profeta às nações". A palavra *constituí* significa, literalmente, "dei"; "Eu te *dei* como profeta às nações". Deus dá, pois é generoso e extremamente dadivoso. Antes mesmo de Jeremias nascer ele foi dado.

Essa é a maneira de Deus agir. Ele fez isso com seu próprio Filho, Jesus Cristo. Deus o ofereceu às nações. Ele não o manteve em uma redoma ou preservou seu Filho em um museu. Igualmente, não o exibiu como um troféu. "Porque Deus amou ao mundo de tal maneira que deu o seu Filho unigênito, para que todo o que nele crê não pereça, mas tenha a vida eterna" (Jo 3:16).

Ele também entregou Jeremias. Sou capaz de ouvir as objeções de Jeremias: "Espere um pouco. Não seja tão apressado em me doar. Eu tenho algo a dizer sobre isso. Sei que meus direitos são inalienáveis e um deles é decidir o que fazer com minha vida". Imagine a resposta de Deus: "Desculpe-me, mas tomei essa decisão antes de você nascer. Ela já foi tomada; você foi entregue".

Em algumas coisas temos o direito de escolha, em outras não. Nisso não temos escolha. Este é o tipo de mundo no qual nascemos. Deus o criou e o sustenta. Doar é o modo de ser do Universo. Doar é a trama que compõe o tecido da existência. Se tentarmos viver para obter coisas em vez de priorizar o doar, iremos contra o curso natural do Universo. É como contrariar a lei da gravidade; as conseqüências dessa tentativa, com certeza, serão algumas manchas roxas e, talvez, alguns ossos quebrados. De fato, notamos vidas distorcidas, disformes e paralisadas exatamente entre aqueles que desafiam a realidade de que toda a vida é doada e que assim deve continuar a ser para que seja fiel à sua natureza.

Há uma encosta rochosa às margens do Lago Montana onde passo boa parte do verão. Nela existem fendas nas quais três andorinhas fizeram ninhos. Por diversas semanas, em determinado verão, acompanhei os vôos alternados daquelas aves que capturavam insetos descuidados um pouco acima da superfície da água e se lançavam no interior das cavidades no penhasco, alimentando primeiro seus companheiros e, depois, seus filhotes recém-nascidos. Próximo a uma das cavidades na parede rochosa, um galho seco estendia-se por pouco mais de um metro acima da superfície da água. Certo dia, fiquei observando três jovens andorinhas que estavam lado a lado naquele galho. Os pais faziam longas e vastas incursões sobre a água para pegar insetos e, então, voltavam para as enormes cavidades onde aqueles pequenos pássaros aguardavam o alimento com seus bicos bem abertos.

Esse processo prosseguiu por algumas horas até os pais decidirem que os filhotes já haviam se fartado. Então, um dos pais se colocou ao lado dos filhotes e começou a empurrá-los sem trégua em direção à extremidade daquele galho seco. O primeiro filhote perdeu o equilíbrio e caiu, mas em algum ponto entre o galho e a superfície da água suas asas começaram a bater e a jovem ave iniciou seu vôo independente pela primeira vez. O mesmo ocorreu com o segundo filhote. Entretanto, as coisas não foram tão naturais para o terceiro. No último momento, a força com que se agarrava ao galho esmoreceu e ele girou, ficando de cabeça para baixo mas conseguindo segurar-se tenazmente. A andorinha adulta não teve dó. Ela começou a bicar as garras do filhote e não parou até que as dores se tornassem maiores do que o medo de voar. As garras se soltaram do galho e as asas inexperientes começaram a bater. A andorinha adulta sabia de algo que o filhote ignorava — que ele podia voar e que não havia nenhum perigo nisso, pois o filhote fora projetado perfeitamente para alçar vôo.

Os pássaros têm pés e andam. Também são providos de garras que lhes possibilitam agarrar-se a um galho com total segurança. Porém, *voar* é sua habilidade característica e somente quando são capazes de voar é que os pássaros vivem em toda a plenitude, de forma bela e graciosa.

Doar é o que podemos fazer de melhor. É o ambiente no qual nascemos. É a ação que foi projetada em nosso interior antes de nosso nascimento. Doar é o modo de ser do mundo. O próprio Deus se deu por nós. Ele é o doador de todas as coisas e não abre exceção para nenhum de nós. Somos entregues às nossas famílias, aos nossos vizinhos, aos amigos, aos inimigos — às nações. Nossa vida é para os outros. É assim que a criação funciona. No entanto, alguns tentam, desesperadamente, agarrar-se a si mesmos, vivendo uma vida egocêntrica. Como parecemos patéticos e deslocados quando vivemos assim, tentando nos manter agarrados ao galho seco de uma conta bancária, achando que isso nos livrará da morte, temendo assumir riscos ao utilizar as asas da dádiva. Acreditamos não ser possível priorizar a generosidade porque nunca tentamos. No entanto, quanto mais cedo começarmos, melhor porque cedo ou tarde teremos que abrir mão de nossa própria vida, de modo que, quanto mais tempo demorarmos, menos tempo desfrutaremos dos altos vôos e manobras de uma vida plena de graça.

Jeremias poderia ter-se agarrado à rua sem saída onde nasceu, em Anatote. Ele poderia ter vivido debaixo da segurança que a função de sacerdote de seu pai lhe garantia. Poderia ter se conformado aos atos vãos de sua cultura. Porém, ele não agiu assim. Ele acreditou no que havia sido dito sobre sua história, que há muito Deus já o havia entregado e participou desse ato de entrega, voluntariamente.

DIGNIDADE E PROJETO

Antes de ser concebido e nascer, muitos eventos críticos predeterminam a realidade em que vivo: fatores biológicos que fazem de mim um bípede que anda e não um peixe que nada; fatores geográficos que me provêem um clima temperado em vez de uma era glacial; fatores sociais que produzem médicos para me examinar quando adoeço e não curandeiros; fatores políticos que me tornam um cidadão dentro de uma democracia e não um lavrador oprimido por um sistema feudal. Porém, os fatores mais importantes têm sua origem naquilo que Deus fez antes mesmo de minha concepção ou de meu nascimento. Ele me conhecia, portanto não sou resultado de um acidente; ele me escolheu, logo não posso ser um zero à esquerda; ele me entregou, assim não devo ser um eterno consumidor.

Vemos em nossa cultura frenéticos esforços que visam elevar auto-estimas em ruínas por meio da auto-afirmação e da autoconfiança, fazendo uso, para isso, de palavras positivas sobre como as pessoas são fantásticas, superiores e como viveriam melhor se cuidassem com mais empenho do próprio bem-estar. Os resultados disso, porém, não são pessoas melhores, mas piores — verdadeiros egos pigmeus. Como adquirir a noção de própria importância sem inflar o ego? Como se tornar importante sem desenvolver o conceito de grandeza pessoal? Como obter autoconfiança sem ficar arrogante? Como mostrar grandeza sem parecer ridículo?

Jeremias revelou um modelo assim. Será que alguém conseguiu viver tão bem longe dos poços profundos da altivez e dos grandes projetos — na realidade, ocos alicerces de palha — como Jeremias? Ele conseguiu isso ao meditar acerca dos assombrosos fatos ocorridos *antes* de sua vida. Ele viveu a partir desses eventos e não *contra* eles. Ali estava sua origem, não em Anatote, e qualquer um que possuísse ouvidos sensíveis perceberia que o sotaque de Jeremias traía suas origens.

É muito difícil manter ativo esse tipo de memória profunda. Não temos o auxílio de nossos contemporâneos que raramente olham para o passado distante e se limitam a volver os olhos para o passado imediato, tentando compreender sua própria humanidade. Estamos tão acostumados a considerar todas as coisas sob o prisma de nossos sentimentos atuais e de nossas mais recentes aquisições que olhar para a imensidão do antes constitui uma mudança radical. Se, porém, desejamos viver bem, essa mudança é fundamental. Do contrário, viveremos de forma débil e trôpega, incapazes de enxergar a glória que é ser conhecido, escolhido e entregue por Deus.

4 DEUS ESTÁ AGINDO

Então, lhe disse eu: ah! SENHOR Deus! Eis que não sei falar, porque não passo de uma criança. Mas o SENHOR me disse: Não digas: Não passo de uma criança; porque a todos a quem eu te enviar irás; e tudo quanto eu te mandar falarás. Não temas diante deles, porque eu sou contigo para te livrar, diz o SENHOR. [...] Eis que hoje te ponho por cidade fortificada, por coluna de ferro e por muros de bronze, contra todo o país, contra os reis de Judá, contra os seus príncipes, contra os seus sacerdotes e contra o seu povo.

JEREMIAS 1:6-8,18

— É claro que quero destruí-lo! — gritou Frodo. — Ou, bem..., fazer com que ele seja destruído. Não sou talhado para buscas perigosas. Gostaria de nunca ter visto o Anel! Por que veio a mim? Por que fui escolhido?

— Perguntas desse tipo não se podem responder — disse Gandalf. — Pode ter certeza de que não foi por méritos que outros não tenham: pelo menos não por poder ou sabedoria. Mas você foi escolhido e, portanto, deve usar toda força, coração e esperteza que tiver.

J. R. R. TOLKIEN[1]

[1] *O senhor dos anéis: A sociedade do anel.* São Paulo: Martins Fontes, 2001, p. 63.

Deus ordenou a Jeremias algo que ele julgava não ser capaz de realizar. Naturalmente, ele recusou. Se nos fosse ordenado fazer algo de que soubéssemos não ser capazes, seria tolice aceitar a incumbência, pois logo nossa incapacidade se tornaria patente a todos.

A missão que Jeremias recusou foi a de ser profeta. Existem duas convicções interligadas que caracterizam um profeta. A primeira é a de que Deus vive, que é pessoal e ativo. A segunda é a de que o mundo está atravessando um momento extremamente crítico na história. Um profeta é obcecado por *Deus* e vive intensamente para o *agora*. Deus é tão real para um profeta quanto o vizinho da casa ao lado. Aliás, esse seu vizinho é um turbilhão no qual os propósitos de Deus estão se realizando.

A função de um profeta é convocar as pessoas a viver bem, da forma certa — a ser humana. Porém, isso significa mais do que apenas transmitir uma mensagem. É necessário também vivê-la. O profeta deve ser aquilo que prega. A pessoa, além da mensagem do profeta, nos desafia a viver da forma para a qual fomos criados, dentro do contexto de nossa salvação — a nos tornarmos tudo o que nosso projeto original determinava que fôssemos.

Não podemos ser humanos se não temos relação com Deus. Podemos ser animais e assim não termos consciência alguma de Deus. Podemos ser um aglomerado de minerais e nada sabermos sobre o Criador. Mas nossa humanidade impõe a necessidade de um relacionamento com Deus antes de poder ser ela mesma. "Como os escolásticos costumavam dizer: *Homo non proprie humanus sed superhumanus est* — ou seja, para ser verdadeiro ser humano é necessário ser mais do que meramente humano".[2]

[2] SCHUMACHER. *A Guide for the Perplexed*, p. 38.

O relacionamento com Deus não é algo a ser implementado após nosso crescimento básico, mas é o alicerce fundamental desse crescimento. Retire essa base e você não edificará a verdadeira humanidade, mas apenas uma casca, somente a aparência e não a essência do ser humano. Tampouco podemos ser humanos se não vivermos no presente, pois é nessa dimensão que o Senhor vem a nosso encontro. Se evitarmos os detalhes do presente real, abriremos mão de grande parte de nossa humanidade. Søren Kierkegaard satiriza nossa desatenção e inconsciência para com a realidade imediata quando escreve sobre um homem que estava tão absorto e mergulhado em suas idéias, projetos e ideais que, ao acordar certo dia, descobriu que estava morto.[3]

Um profeta leva as pessoas a conhecer Deus: quem ele é, suas particularidades, palavras e ações. Ele nos desperta de nossa sonolenta complacência, fazendo-nos ver o grande e atordoante drama que é nossa existência, empurrando-nos para o palco a fim de que desempenhemos nossos papéis, quer nos julguemos prontos, quer não. O profeta suscita nossa ira ao rejeitar nossos eufemismos, revelar nossos disfarces e, então, trazer à tona nossos atos mais cruéis e motivos mais egoístas, exibindo-os onde todos possam vê-los. O profeta faz com que tudo e todos pareçam importantes e significantes — importantes porque foram criados por Deus; significantes porque ele está, agora mesmo, usando sua criação, homens e mulheres, de forma ativa. Esse enviado de Deus, o profeta, torna difícil a continuidade de vidas egoístas ou inúteis.

ALEGANDO INCAPACIDADE

Nenhum trabalho é mais importante, pois o que pode ser mais relevante do que uma persuasiva apresentação da realidade invisível, porém vívida que é Deus? E o que é mais valioso do que uma convincente demonstração do significado eterno dos aspectos comuns e visíveis da vida diária? Entretanto, seja importante ou não, o fato é que Jeremias recusou essa missão. Ele não se julgava qualificado. Jeremias não havia tirado boas notas na escola divina e não tinha vivido o suficiente para saber como funciona o mundo. "[...] ah! SENHOR Deus! Eis que não sei falar, porque não passo de uma criança".

[3] William BARRETT. *Irrational Man.* Garden City: Doubleday Anchor Books, 1962, p. 3.

Somos hábeis em alegar incapacidade para viver a plenitude a que Deus nos chama. Como soam enfadonhas nossas desculpas! Eu sou muito jovem; sou apenas uma dona de casa; não fiz nenhum curso de teologia; sou apenas um humilde pregador; não tenho escolaridade suficiente; não tenho tempo disponível; não fui treinado; falta-me autoconfiança ou, como encontramos no texto bíblico: "Ah! Senhor! Eu nunca fui eloqüente, nem outrora, nem depois que falaste a teu servo; pois sou pesado de boca e pesado de língua" (Êx 4:10). Muito tem sido exigido de nós. Não estamos à altura dessas exigências. Não podemos lidar com elas.

Se olharmos para nós mesmos e formos absolutamente honestos, sempre chegaremos à conclusão de que somos inadequados e incapazes. Claro que nem sempre somos honestos assim. Nós colamos e trapaceamos nas provas, acobertamos aqui e blefamos ali. Fingimos ser mais seguros e confiantes do que realmente somos.

> Não chegaríamos a lugares tão distantes,
> Se não tivéssemos aprendido a blefar
> E, além do real, nos mostrássemos tão confiantes,
> Sobre o caminho a tomar.[4]

De fato, viver é uma tarefa muito acima de nossa capacidade. Essa história de andar em consciente dependência de Deus, em atencioso amor pelos que nos cercam e em comedida apreciação do mundo que nos rodeia, por exceder nossas capacidades, é muito complicada. Não somos aptos o suficiente, não dispomos da energia necessária e tampouco conseguimos nos concentrar nisso adequadamente. Somos seres apáticos, desleixados e relapsos. Temos explosões ocasionais de amor, apaixonados ímpetos de fé passional e impressionantes momentos de defesa corajosa. Mas, em seguida, logo retornamos à costumeira indolência ou ganância. Voltamos ao velho padrão, à conhecida conversa fiada que faz os outros pensarem que somos melhores do que realmente somos. Algumas vezes enganamos até a nós mesmos acreditando que, na verdade, somos

[4] W. H. Auden. *Reflections in a Forest, Homage to Clio*. New York: Random House, 1960, p. 8.

excelentes pessoas. Em seu íntimo, Jeremias tinha plena consciência de tudo isso: "Enganoso é o coração, mais do que todas as cousas, e desesperadamente corrupto; quem o conhecerá?" (Jr 17:9).

A implacável honestidade, porém, sempre nos esmagará diante do fato de nossa incapacidade. O mundo é um lugar apavorante. Se não sentimos nem mesmo uma pontinha de medo é porque, simplesmente, vivemos alienados do mundo lá fora. Se nos sentimos satisfeitos conosco mesmos é porque não temos padrões elevados ou então sofremos de amnésia profunda acerca da realidade central, segundo a qual "horrível coisa é cair nas mãos do Deus vivo" (Hb 10:31). Blaise Pascal disse: "Não tema, contanto que você tenha medo; mas se você não sentir medo, então tema".[5]

Existe uma enorme diferença entre o que nós pensamos que podemos fazer e o que Deus nos chama a realizar. Nossas idéias sobre o que somos capazes de fazer ou desejamos executar são insignificantes em face da grandeza das idéias de Deus para nós. Existe um paralelo entre o chamado de Deus para Jeremias tornar-se profeta e o chamado divino para sermos pessoas de fato. As desculpas que apresentamos são plausíveis e, com freqüência, correspondem aos fatos, mas, mesmo assim, não passam de meras justificativas e o Senhor as proíbe: "Não digas: Não passo de uma criança, porque a todos a quem eu te enviar irás; e tudo quanto eu te mandar falarás. Não temas diante deles, porque eu sou contigo para te livrar, diz o SENHOR". A seguir, o Senhor estendeu a mão e tocou os lábios de Jeremias, dizendo: "Eis que ponho na tua boca as minhas palavras. Olha que hoje te constituo sobre as nações e sobre os reinos, para arrancares e derribares, para destruíres e arruinares e também para edificares e plantares" (Jr 1:9-10).

Os três pares de verbos (*arrancar/derribar, destruir/arruinar, edificar/plantar*) estão intimamente ligados. No caminho da fé nós não escapamos do dever só porque tudo nos parece difícil; antes, enfrentamos o desafio porque recebemos ordens e provisões para isso. Não são nossos sentimentos que determinam

[5] *Pensées*. New York: The Modern Library, Random House, 1941, p. 273. (Ed. bras. *Pensamentos*, Rio de Janeiro, s.d.)

o nível de nossa participação na vida, tampouco é nossa experiência que nos qualifica para o que temos que realizar e ser; Deus é quem decide a nosso respeito. Ele não nos envia para a empolgante e perigosa vida de fé porque somos qualificados, mas nos escolhe com o propósito de nos capacitar para aquilo que ele deseja que façamos ou sejamos: "Eis que ponho na tua boca as minhas palavras... Olha que hoje te constituo sobre as nações".

Oito versículos depois Jeremias não é mais um homem inapto para a tarefa. "Eis que hoje te ponho por cidade fortificada, por coluna de ferro e por muros de bronze, contra todo o país, contra os reis de Judá, contra os seus príncipes, contra os seus sacerdotes e contra o seu povo. Pelejarão contra ti, mas não prevalecerão; porque eu sou contigo, diz o SENHOR, para te livrar" (Jr 1:18-19). O que sabemos sobre Jeremias prova que esses versículos, de fato, se cumpriram. Durante os seus quarenta anos de ministério, vividos em meio às mais confusas e caóticas décadas de toda a história de Israel, Jeremias foi invencível. Diversas vezes teve seu íntimo tomado por intensa agonia, mas nunca se desviou do curso traçado por Deus. Ele foi cruelmente escarnecido e severamente perseguido, mas jamais saiu do rumo. Houve sobre ele tremenda pressão para que mudasse, fizesse concessões, desistisse e se escondesse. Jeremias, porém, jamais cedeu. Ele era como "muros de bronze".

Como Jeremias fez a transição daquela postura covarde e evasiva, repleta de desculpas do tipo "... ah! SENHOR Deus! Eis que não sei falar, porque não passo de uma criança", para a carreira de "coluna de ferro", ao aceitar a incumbência de profeta? Deus equipou Jeremias para a vida ao apresentar-lhe duas visões. Essas visões transportaram-no da enervante omissão para uma obediência carregada de adrenalina.

UMA VARA DE AMENDOEIRA

A primeira dessas visões foi uma vara de amendoeira: "veio ainda a palavra do SENHOR, dizendo: Que vês tu, Jeremias? Respondi: vejo uma vara de amendoeira. Disse-me o SENHOR: Viste bem, porque eu velo sobre a minha palavra para a cumprir" (Jr 1:11-12).

A amendoeira é uma das primeiras árvores a florescer na região da Palestina. Antes de brotar as folhas, flores brancas como a neve desabrocham. Enquanto a terra ainda está sob os efeitos do inverno, aquelas belas flores surgem espontânea e inesperadamente, surpreendendo-nos com a promessa da nova estação. Isso se repete a cada primavera: a exuberância nas flores, nas florestas e nos jardins, antes que as folhas apareçam e a relva fique verde outra vez. E nós sabemos o que acontecerá a seguir; em breve, pássaros migratórios encherão a atmosfera de música; folhas embelezarão a copa das árvores, com diferentes matizes de verde; frutos começarão a se desenvolver. As flores são, por si só, uma fonte de prazer, bonitas de ver e com delicioso perfume. Porém são mais do que isso. São uma antecipação, uma promessa. Flores são como palavras. "Porque eu velo sobre a minha palavra para a cumprir." Essas palavras, como a flor da amendoeira, são promessas, são uma antecipação do que está por vir. Elas se *transformam* em algo. "E o Verbo *se fez* carne" (Jo 1:14).

Essa primeira visão do profeta é marcada por um jogo de palavras. As palavras *amendoeira* e *velar*, na língua hebraica, são muito similares. "Que vês tu, Jeremias?" Vejo uma vara de *shaqed* (amendoeira). "Viste bem, porque eu *shoqed* (velo) sobre a minha palavra para a cumprir. Estou velando sobre minha palavra como um pastor vela por seu rebanho. Nenhuma das palavras que me ouviste dizer deixará de se cumprir. Nenhuma se perderá. Eu farei com que cada palavra se torne realidade." O método empregado por Deus foi audiovisual: uma imagem associada a um jogo de palavras para estimular a esperança de Jeremias. Pelo resto da vida, a cada nova primavera, a visão da amendoeira em flor, *shaqed*, faria com que ele se lembrasse do som de *shoqed* (velar), despertando sua memória ("Eu velo sobre a minha palavra para a cumprir"); e pelo resto de sua vida sempre que ele ouvisse a palavra *shoqed* (velar) — e certamente foram poucos os dias em que ele não a ouviu — a imagem de *shaqed* (amendoeira) viria à sua mente com as cores do renascer da vida e da explosão de energia que acompanham a primavera.

Não há como viver pela fé, seja como profeta, seja como pessoa, sem ser sustentado por uma visão desse tipo. Em um nível profundo nós temos que ser convencidos e, de uma maneira ou de outra, eventualmente lembrados de que nehuma palavra é só uma palavra. E as palavras de Deus, em particular, não são meras palavras. São promessas que sempre se cumprem. Ele realiza o que anuncia. Deus cumpre o que diz.

UMA PANELA DE ÁGUA FERVENTE

A segunda visão de Jeremias foi uma panela fervendo: "Outra vez, me veio a palavra do SENHOR, dizendo: Que vês? Eu respondi: vejo uma panela ao fogo, cuja boca se inclina do norte" (Jr 1:13). A panela estava inclinada de modo que a água fervente era derramada sobre o sul. A cidade de Anatote e as ruas de Jerusalém se situavam no curso exato das águas.

A água fervente sendo derramada sobre Israel é símbolo de exércitos inimigos marchando para uma invasão (Jr 1:14-16). As nações localizadas ao norte de Israel estavam planejando uma guerra contra os israelitas que, ao eclodir, inundaria a terra com o mal — assassinatos, estupros e saques. A turbulência fervente que se via no horizonte seria derramada sobre as aprazíveis colinas da Judéia. Os reis e oficiais inimigos, com audácia e escárnio, iriam acampar seus exércitos em frente aos portões da cidade e ao redor dos muros. Essa guerra iminente estava relacionada ao julgamento de Deus. A água fervente lavaria a terra. "Eu acredito que é bom mergulhar na água quente", disse G. K. Chesterton, "isso mantém você limpo".[6] O julgamento escaldante estava prestes a acontecer porque o povo tinha abandonado o relacionamento de amor com Deus e se envolvido com rituais religiosos de adoração a deuses estranhos e com vãs idolatrias (Jr 1:16). A guerra viria para interromper aquele modo de vida inútil, tolo, impuro e indolente, obrigando o povo a voltar seus olhos para o que é essencial e eterno: vida e morte, Deus e humanidade, fé e fidelidade, aliança e obediência.

Essa segunda visão, em contraste com a visão da amendoeira, é negativa, mas sua mensagem é extremamente positiva, já que tem como efeito a contenção do mal. A panela fervente é um recipiente localizado em um lugar específico no contexto.

Nem Jeremias nem o povo precisavam de uma visão alertando sobre o perigo cada vez mais evidente ao norte. Todos tinham conhecimento desse fato.[7] Os exércitos neobabilônios estavam em marcha e nenhuma pessoa dotada de inteligência mediana deixaria de notar isso. Era necessário, porém, saber que o mal

[6] Citado por Maisie WARD. *Gilbert Keith Chesterton.* Baltimore: Penguin, 1958, p. 114.

[7] Nem todos admitiam isso. Ao longo da vida de Jeremias, os falsos profetas diziam ao povo que tudo ficaria bem. E os reis teimavam em estabelecer alianças políticas para adiar o desastre. Porém, o discurso demagogo da pregação otimista e o estabelecimento de tratados traíam o reconhecimento de que os dias eram ameaçadores.

teria limites. A visão da panela ao fogo mencionou, localizou e revelou os limites do mal que estava afligindo a todos com um tipo de paranóia metafísica.

Por falta de experiência e de conhecimento, permitimos que o inimigo se expanda por todo o ambiente e sobre nossas emoções como uma neblina, obscurecendo as fronteiras da realidade e envolvendo tudo com um cinza ameaçador e úmido. Envoltos nessa atmosfera, ficamos aterrorizados ao ouvir qualquer rumor e sobressaltados ao perceber um som estranho, vivendo assustados e cheios de ansiedade. Com certeza o mal domina grande parte do mundo em que vivemos. Essa constatação é assustadora. Se vivermos de forma realista, com os olhos bem abertos, veremos a maldade que reina neste planeta. Como, então, podemos descansar diante desse quadro? A visão de Jeremias nos fornece a resposta: o mal não está em todas as coisas, não está presente em todos os lugares. Ele tem um nome. Tem um princípio e um fim. O mal que estende suas poderosas garras sobre todos não é selvagem ou incontrolável; é um julgamento cuidadosamente ordenado, sob o comando de Deus. A panela de água fervente limita o mal a um local e a uma finalidade. Não podemos, portanto, ser ingênuos no trato com o mal — ele deve ser enfrentado. Também não podemos ficar intimidados, pois ele será usado por Deus para nosso bem. Assim, um dos mais extraordinários aspectos das boas-novas é que Deus usa pessoas de todos os tipos, até as más, para cumprir seus bons propósitos. O grande paradoxo do julgamento divino é que o mal é utilizado como combustível no forno da salvação.

Se não estivermos conscientes do significado dessa visão, perderemos o senso de proporcionalidade e seremos incapazes de reagir de maneira correta a tudo o que surge à nossa frente, no viver diário. Se nos esquecermos que os jornais são apenas notas de rodapé das Escrituras e não o contrário, o simples ato de colocar os pés fora da cama a cada manhã será motivo de medo. Muitos de nós usam tempo excessivo lendo os editoriais dos jornais e quase nada das visões proféticas. Formamos nosso entendimento e nossa opinião sobre os políticos, os economistas e sobre a moral a partir dos artigos de jornalistas, quando isso tudo deveria apenas nos informar; o *significado* do mundo nos é dado plenamente na Palavra de Deus.

As duas visões, a vara de amendoeira em flor e a panela de água fervente foram o curso de pós-graduação de Jeremias. Aquelas imagens singulares ficaram marcadas de forma indelével na retina de sua fé. Por intermédio dessas visões ele pôde manter o equilíbrio, a sanidade e a paixão durante o espetáculo da glória de Deus e em meio ao holocausto do pecado humano. Para evitar que se sentisse maravilhado com o esplendor daquela glória ou perplexo com a ofensiva do maligno, Jeremias manteve-se agarrado à realidade, jamais se refugiando na caverna da autocomiseração, nunca fechando os olhos para a horrível face do mal ao seu redor ou desdenhando, cinicamente, a explosão de glória que o cercava.

A primeira visão convenceu Jeremias de que a Palavra de Deus irrompe em maravilhas que não são ilusórias. A segunda visão lhe deu a certeza de que o mundo é um lugar muito perigoso, mas que esse perigo não é catastrófico.

A fim de estarmos preparados para cumprir aquilo para o que Deus nos chama — profeta e homem — não paralisando nossa vida com o senso de inadequação, temos que conhecer profundamente esses dois assuntos, Deus e o mundo, tornando-nos especialistas neles. Em ambos, as primeiras impressões e as aparências superficiais enganam. Nossa tendência é subestimar Deus e superestimar o mal. Não vemos o que Deus está fazendo e, então, concluímos que ele não está fazendo nada. Em contrapartida, enxergamos tudo o que o mal está realizando e concluímos que ele está no controle de tudo. As visões de Jeremias dissipam as aparências. Por meio da amendoeira em flor e da panela ao fogo somos ensinados a viver com ardente esperança e a nunca nos deixarmos intimidar pelo mal, pois se formos viver de acordo com a verdadeira imagem de Deus, conscientes de tudo o que ele é, receptivos e sensíveis a tudo o que ele está realizando, temos que confiar em sua Palavra e acreditar naquilo que não vemos. Além disso, se formos viver no mundo observando cada uma de suas particularidades, amando-o mesmo ao longo dos dias maus, sem sermos repelidos por ele, sem temê-lo e sem nos conformarmos com ele, teremos que encarar o imenso mal que nele há, sabendo, porém, ao mesmo tempo, que se trata de um mal controlado e limitado.

MOLDADO PELA VISÃO

As visões funcionaram? Funcionam ainda hoje? A vida de Jeremias evidencia que aquelas visões foram o currículo educacional que transformaram um jovem inseguro em um homem maduro, dotado de integridade. Jeremias foi lapidado por aquelas visões e não pelos modismos da época ou por seus sentimentos sobre si mesmo. Sabemos que, com freqüência, ele se sentiu amedrontado e foi tratado de forma terrível. Por inúmeras vezes sentiu-se fraco, chegando às raias do desespero. Porém, a verdade é que ele foi sempre forte. Se seus sentimentos em algumas ocasiões o debilitavam, sua fé, por sua vez, continuamente o sustentava.

Sua força não foi alcançada pelo crescimento de calos em seu espírito altamente sensível. Ao longo de sua vida, Jeremias experimentou uma variedade incrível de emoções. Seu espírito, pelo que parece, provou de tudo. Ele foi uma daquelas pessoas extremamente sensíveis, que reagem ao menor tremor à sua volta. Ao mesmo tempo, entretanto, Jeremias era inexpugnável diante dos ataques e escárnios, da perseguição e oposição.

Essa perfeita integração de força e sensibilidade, de estabilidade e emoção, é muito rara. Algumas vezes encontramos pessoas que vivem com suas emoções à flor da pele. Chegam a desmaiar quando vêem o menor vestígio de sangue. Essa sensibilidade exacerbada as torna incapazes de enfrentar as inesperadas crueldades do mundo. Em contrapartida, há pessoas que são moralmente rígidas, inflexíveis defensoras de sua perfeita retidão. Jamais revelam dúvida alguma sobre suas posições claramente dogmáticas. Porém, suas convicções são como martelos que esmagam os ossos e deixam marcas roxas na pele. O mundo demarca um grande círculo ao redor dessas pessoas. Manter um contato longo e constante com elas é perigoso, pois, se detectarem algum tipo de fraqueza emocional ou moral em nós, seremos felizes se escaparmos com uma simples dor de cabeça.

Jeremias não era assim. Instruído pela visão da vara de amendoeira, sua reação diante de Deus ou das pessoas desenvolveu-se e aprofundou-se. Habilitado pela visão da panela de água fervente, sua capacidade de lidar com o mal e de resistir às ameaças tornou-se invencível: "Eis que hoje te ponho por cidade fortificada, por coluna de ferro e por muros de bronze". Nada mau para alguém que não passava de uma "criança".

16/08/2009

5 VIVENDO ALÉM DO OBA-OBA

Palavra que da parte do SENHOR foi dita a Jeremias: Põe-te à porta da Casa do SENHOR, e proclama ali esta palavra, e dize: Ouvi a palavra do SENHOR, todos de Judá, vós, os que entrais por estas portas, para adorardes ao SENHOR. Assim diz o SENHOR dos Exércitos, o Deus de Israel: Emendai os vossos caminhos e as vossas obras, e eu vos farei habitar neste lugar. Não confieis em palavras falsas, dizendo: Templo do SENHOR, templo do SENHOR, templo do SENHOR é este.

JEREMIAS 7:1-4

Há muitas pessoas hoje em dia que amam o reino celestial de Jesus, porém poucas que carregam sua cruz; muitas ansiando por conforto, mas poucas que suportam sofrimentos. Longa é a fila das pessoas que compartilham de seu banquete, porém curta é a fila dos que compartilham de seu jejum. Todos desejam participar de seu júbilo, mas somente uns poucos estão dispostos a sofrer por sua causa. Há muitos que seguem a Jesus até o partir do pão, poucos o fazem até o momento de beber o cálice do sofrimento. Muitos que enaltecem seus milagres, poucos que o seguem na indignidade de sua cruz.

THOMAS À KEMPIS[1]

[1] *The Imitation of Christ*. New York: Sheed and Ward, 1959, p. 76-77.

Manassés foi o pior rei que os hebreus tiveram. Era um homem absolutamente perverso à frente de um governo corrompido ao extremo. Ele reinou em Jerusalém por cinqüenta e cinco anos, meio século de trevas e maldade.

Manassés incentivou a adoração pagã que envolvia todos os participantes em orgias sexuais. Ele estabeleceu prostitutas cultuais em santuários espalhados por todo o país. Trouxe mágicos e feiticeiros dos povos vizinhos que escravizaram o povo com toda sorte de superstições, manipulando-o com magias e encantos. Não poderia ter havido um homem mais vil e maligno. Parecia não haver fim para suas bárbaras crueldades. Sua capacidade de inventar novas formas de mal parecia nunca se esgotar. Seu apetite pelo que é sórdido parecia insaciável. Certo dia, ele colocou seu próprio filho sobre o altar durante um ritual terrível de magia negra e o queimou como sacrifício (2Rs 21).

O grande templo de Salomão em Jerusalém, esplêndido por sua santa simplicidade, outrora sem nenhuma imagem de deus, de tal forma que o Deus invisível podia ser reverenciado e cultuado, tinha sido invadido por mágicos e prostitutas. Ídolos em forma de animais e monstros profanavam o Lugar Santo. A luxúria e a libertinagem eram enaltecidas. Assassinatos eram freqüentes. Manassés arrastou o povo para dentro de um lamaçal muito mais podre do que qualquer outro já visto no mundo. "[...] e Manassés de tal modo os fez errar, que fizeram pior do que as nações que o SENHOR tinha destruído de diante dos filhos de Israel" (2Rs 21:9).[2]

Jeremias nasceu na última década do reinado de Manassés. Aquele foi o ambiente em que aprendeu a andar, falar e brincar. Não há como imaginar um lugar pior e mais impróprio para uma criança crescer. Era uma sociedade completamente pervertida. "Por todos os lugares andam os perversos, quando entre os filhos dos homens a vileza é exaltada" (Sl 12:8).

[2] Cf. também John BRIGHT. *The Kingdom of God.* Nashville: Abingdon,1953, p. 100.

Os 55 anos de caos moral quase levaram a fé no verdadeiro Deus ao esquecimento total. Algumas pessoas idosas ainda recordavam os oráculos proféticos e os atos do culto verdadeiro. Rumores de santidade eram, sem dúvida, ouvidos, mas sem nenhum alarde. As poucas pessoas que mantinham a fé genuína viviam na defensiva. Então, Manassés morreu e seu filho, Amom, o sucedeu no trono. O povo aguardou para ver se aquele estado de coisas sofreria alguma mudança. Infelizmente, nada se alterou. O mal continuou. A sociedade, porém, já não agüentava mais tanta maldade. As pessoas haviam chegado ao limite da tolerância. Assim, Amom foi assassinado. Prematuramente, então, seu filho, Josias, com apenas oito anos de idade, herdou o trono.

AS REFORMAS DE JOSIAS

Inicia-se agora um dos mais notáveis capítulos da história do povo judeu. Naquele jovem rei havia um espírito inocente e puro que Deus usou para trazer nova vida à terra.

Ficamos imaginando como Josias começou sua reforma, já que ele não dispunha de referenciais ou modelos para executá-la. O fato é que a bondade se origina em um nível tão profundo que se torna impossível investigar suas causas. Ao olhar para o asfalto de um grande estacionamento, logo me vêm à mente esses dois reis, Manassés e seu neto, Josias. O asfalto tem um aspecto feio. A grama verde e vicejante é bruscamente retirada, dando lugar a esse material rude e estéril. A tecnologia agressiva e impessoal põe fim à vida delicada, para servir aos interesses dos adoradores do deus Mamon. Depois, porém, de algum tempo, fissuras começam a surgir no asfalto, permitindo que diferentes tipos de grama, flores silvestres e mesmo árvores teimosamente floresçam entre aquelas frestas. As forças subterrâneas da vida abrem caminho através daquela superfície de morte. A equipe de manutenção se esforça para fechar e cobrir as fissuras, tentando manter o asfalto intacto e uniforme. Mas, se afrouxarem a vigilância por uma ou duas estações, novamente a natureza dará sinais de vida, aparentemente frágeis, mas, na verdade, com uma força e persistência incríveis.

Eu falo das discretas
Forças que dividem o coração

E rompem o pavimento negro —
Forças silenciosas, escondidas em
Pessoas e plantas...[3]

Tomando esse exemplo, poderíamos dizer que Manassés cobriu a Terra Santa com o asfalto de Sodoma e Gomorra. No entanto, isso não sufocou totalmente o que era santo. Só o tornou inacessível aos olhos. O jovem rei Josias foi um dos primeiros brotos a abrir caminho através do betume negro da maldade. Em seu íntimo, movido por um desejo intuitivo de buscar a Deus, desejo esse que seus corruptos pais não foram capazes de anular, nem a atmosfera maligna que o cercava foi forte o suficiente para aniquilar, o pequeno Josias questionava-se: Como estabelecer um sistema de governo melhor? O que ele, como rei, poderia fazer para restaurar a sanidade e o bem naquela lixeira moral em que Jerusalém se tornara? Ele tinha que começar em algum lugar. Então, Josias escolheu o lugar de culto.

A vida das pessoas tem a mesma qualidade da adoração que praticam. O templo em Jerusalém era a evidência arquitetônica da importância que Deus tinha na vida do povo. Todas as áreas da vida se entrecruzavam ali. O sentido da vida e seus valores foram estabelecidos naquele local sagrado. O tipo de culto define o tipo de vida. Se o culto prestado for corrupto, a vida será corrupta. Por 55 anos, a luxúria e a violência nas dependências da Casa do Senhor tinham ultrapassado os limites daquele local e corrompido as vilas, ruas e lares da nação. Josias começou a restauração fazendo uma limpeza completa no templo.

Durante a execução desse trabalho, Hilquias, o sumo sacerdote, encontrou um antigo livro. O livro foi levado até Josias e lido diante do rei. Era o livro de Deuteronômio. Imagine o impacto que aquela leitura provocou. Lá estava o rei Josias, desgostoso com a maldade perpetrada por seu pai e por seu avô, determinado a mudar aquela situação, porém sem saber como fazê-lo. Ele não dispunha de um plano diretor, instruções ou conselhos a seguir. A única coisa que havia herdado de seus antecessores foram cinqüenta e cinco anos de corrupção moral. Mas agora o rei tinha diante de si aquele poderoso documento que falava sobre o

[3] William MEREDITH. "Chinese Banyan". Citado por Richard HOWARD. *Alone with America.* Nova York: Atheneum, 1969, p. 324.

amor de Deus e sobre o culto devido a ele, um documento que fornecia definições claras sobre o certo e o errado e que apontava direções explícitas acerca de como tomar decisões morais e como prestar um culto racional. Aos ouvidos de Josias, aquela leitura foi como "um raio a atingir-lhe a consciência".[4]

A reação do jovem rei foi imediata e decisiva. Sem demora, ele colocou em ação tudo o que havia aprendido através da leitura. A partir daquele instante Josias baniu todos os vestígios da falsa adoração, pois agora conhecia como o verdadeiro culto devia ser. A imoralidade fomentada e incentivada pelos governos anteriores foi totalmente aniquilada. As prostitutas, que desfrutavam de lugar especial no templo, foram banidas por completo. Os magos e adivinhos que haviam estabelecido seus negócios dentro do templo foram expulsos. O jovem rei enviou comissários a todo o país para anunciar o que havia sido descoberto no rolo sagrado. Velhos altares foram derrubados e as pessoas passaram a ser instruídas no caminho da fé. O que ocorreu foi empolgante, dramático e glorioso. "Jamais uma reforma tão ampla e clara em seus objetivos fora executada com tamanha consistência!".[5]

Toda a podridão gerada em meio século de corrupção foi varrida para fora da cidade e do país. Por um longo período, aquele território tinha sido transformado em uma espécie de circo religioso. Nos antigos lugares de culto era possível detectar a realização de qualquer desejo repulsivo, a liberação de qualquer ambição assassina. Havia um ritual específico e um deus ou deusa para cada capricho. A religião de Manassés estava centrada no que William James, de forma memorável, chamou de "o pequeno ego convulsivo".[6] A religião nada mais era do que a busca de auxílio sobrenatural para a realização de tudo o que se desejasse: poder econômico, garantia de boa colheita, bem-estar, morte do inimigo ou vantagem sobre alguém. Agora, sob o reinado de Josias, a religião estava centrada em um só Deus.

Ela se tornou o que sempre deve ser, mas com freqüência não é — um meio de descobrir o significado da vida, de preservar a justiça na sociedade, de encontrar

[4] John BRIGHT. *A History of Israel.* Filadélfia: Westminster Press, 1959, p. 299.
[5] Idem, p. 297.
[6] Citado por John W. GARDNER. *Self-Renewal.* Nova York: Harper & Row, 1963, p. 96.

caminhos para a excelência em diversas áreas, de aprender disciplina para viver com integridade, de compreender como Deus nos ama e como devemos corresponder a esse amor.

UM ASSENTO NA ARQUIBANCADA

Jeremias sentou-se na arquibancada da arena em que essa reforma se desenvolveu. Porém, é muito difícil acreditar que ele permaneceu como mero espectador. Ele não era o tipo de pessoa que fica ao redor, observando passivamente o desenrolar dos acontecimentos. Jeremias ajudou. Ele participou com sua pregação. A Bíblia nos fornece fragmentos de seus sermões.

"Poluíste a terra com as tuas devassidões e com a tua malícia" (Jr 3:2). As pessoas tinham abandonado o Deus que as amava e as havia chamado entregando-se sem reservas a qualquer deus ou deusa que encontraram. A poluição moral funciona da mesma forma que a poluição ambiental. Os resíduos resultantes da vida desregrada penetraram, insidiosamente, no solo do pensamento e nos rios das palavras, contaminando todos os setores da sociedade.

Jeremias rogava ao povo: "Lavrai para vós outro campo novo e não semeeis entre espinhos" (Jr 4:3). A superstição e a idolatria haviam formado uma crosta espessa na consciência do povo, tornando-o insensível e pouco receptivo à Palavra de Deus que proclamava misericórdia e salvação. O arado é uma metáfora do arrependimento que prepara o solo do coração para receber o que Deus tem para nós.

Jeremias foi ferino e sarcástico em suas palavras: "Agora, pois, ó assolada, por que fazes assim, e te vestes de escarlata, e te adornas com enfeites de ouro, e alargas os olhos com pinturas: se debalde te fazes bela?" (Jr 4:30). Ou seja, você acha que pode mudar seu destino com o uso de cosméticos? É você própria que precisa de mudança.

Em meio a isso tudo Jeremias mantinha acesa a luz da esperança: "Assim diz o SENHOR: Ponde-vos à margem no caminho e vede, perguntai pelas veredas antigas, qual é o bom caminho; andai por ele e achareis descanso para a vossa alma" (Jr 6:16). *Existem* antigos caminhos, bem definidos e sinalizados, que conduzem à excelência e a Deus. As Escrituras — naquele caso específico, o livro de Deuteronômio — mapeiam as estradas. Se nós as ignorarmos, tropeçaremos em muitos obstáculos. A pregação de Jeremias foi incansável na divulgação dessa verdade óbvia e cristalina: que Deus está entre nós, que podemos e devemos viver em amor fiel a ele.

UMA REFORMA SUPERFICIAL

A reforma foi concluída. Tudo o que as ordens de um rei podiam fazer foi feito. Os crimes cessaram, a superstição religiosa foi curada e o culto imoral foi banido. No entanto, reprimir o mal não torna as pessoas boas. Não demorou muito para Jeremias perceber que a reforma fora apenas de fachada, sem profundidade. Tudo parecia ter mudado, mas, na essência, nada realmente mudara. As transformações exteriores haviam sido tremendas, porém, as interiores eram imperceptíveis.

Assim, logo encontramos Jeremias nos portões do templo de Jerusalém pregando um estranho sermão. Era o mesmo templo que tinha sido objeto daquela impressionante e bem-sucedida reforma. Portanto, era de esperar palavras de congratulação, elogiando o povo que promovera a limpeza daquele lugar, expulsara os magos, banira as prostitutas e tornara o elementar direito de caminhar pelas ruas um ato seguro, sem risco de assaltos e assassinatos. Porém, o que ouvimos não se parece em nada com isso. Todos vêm à igreja, chegando ao templo para oferecer sacrifícios, conforme ordenado no livro mais popular da época, o rolo de Deuteronômio. O culto ao Senhor é popular e vibrante. As multidões gritam eufóricas: "Templo do SENHOR, templo do SENHOR, templo do SENHOR é este".

Mas o que Jeremias está dizendo? Isto: "Não confieis em palavras falsas, dizendo: Templo do SENHOR, templo do SENHOR, templo do SENHOR é este" (Jr 7:4). As pessoas permaneciam naquele lugar santo, recitando os chavões religiosos da época, pensando que tudo estava bem. Elas estavam no lugar certo, diziam as palavras corretas, mas *elas* próprias não estavam certas. A reforma foi necessária, porém não foi suficiente. Pois a religião não é uma questão de formalidades, lugares ou palavras, mas tem que ver com vida e amor, com misericórdia e obediência e com pessoas dotadas de uma fé apaixonada.

Exatamente quando Jeremias pensou que o povo, livre do reinado corrupto de Manassés, se entregaria a uma vida de fé, empregaria esforços na realização de atos de amor, caminhando nas ruas da justiça e da paz, o que ele encontra ao chegar ao templo? Ele encontra as pessoas estúpidas, satisfeitas consigo mesmas, repetindo o *slogan* da reforma: "Templo do SENHOR, templo do SENHOR, templo do SENHOR é este". Jeremias ficou muito irado.

Lugares são importantes, extremamente importantes, pois neles nos reunimos para definir ações imediatas e nos organizar para novos desafios. No entanto, ir à igreja para cantar hinos não nos torna mais santos, da mesma forma que ir a uma cocheira e relinchar não nos transforma em cavalos.

Palavras também são importantes, imensamente importantes. O que falamos e como falamos revela o que há de mais íntimo e pessoal em nós. Porém, a contínua repetição de palavras sagradas não cria um relacionamento pessoal com Deus, da mesma forma que repetir "eu amo você" vinte vezes ao dia não nos transforma em ardentes apaixonados.

Aquilo tudo aconteceu simplesmente porque a reforma foi vitoriosa. O templo era agora, sem dúvida alguma, o templo do Senhor e não um santuário pagão. Quando as pessoas iam à casa de Deus, não compravam mais amuletos ou visitavam as prostitutas. Tampouco pagavam para que lhes predissessem o futuro. As pessoas cultuavam a Deus da maneira ordenada por Moisés. O povo estava no lugar certo, dizendo as palavras certas. Apesar disso, Jeremias afirma que a presença do povo e suas palavras nada mais eram do que mentiras.

NASCI DE NOVO, NASCI DE NOVO, NASCI DE NOVO

Esse sermão de Jeremias é muito importante para nós. É especialmente relevante nos tempos de tranqüilidade, quando tudo vai bem, quando a igreja é respeitada por todos e o número de membros cresce a cada dia. Em tempos assim achamos que tudo está bem porque as aparências apontam para isso e as estatísticas nos impressionam. A igreja nunca está em perigo tão grande como quando é popular e milhões de pessoas dizem: "Eu nasci de novo, eu me converti, eu aceitei a Cristo".

Jeremias preocupou-se como ninguém com a adequação do local e das palavras. Aliás, ele foi um dos que mais se esforçaram em prol da reforma. Porém, o local e as palavras certas não constituem uma vida de fé, criando somente a oportunidade para que a vida de fé se expresse. O local e as palavras podem servir apenas de fachada respeitável para um eu interior corrupto. Essa foi exatamente a acusação que Jeremias fez contra o povo, ou seja, de estarem usando o templo de Deus como covil de salteadores (Jr 7:11).

O covil de salteadores é o lugar que os bandidos usam para se esconder entre um ataque e outro contra incautos e desprotegidos viajantes. Após essas incursões criminosas, os assaltantes voltam para seus esconderijos, onde ficam a salvo. Esta foi a acusação de Jeremias: "Vocês encontraram um abrigo seguro, não é mesmo? Este templo limpo e acima de qualquer suspeita. Vocês passam toda a semana lá fora, fazendo o que bem entendem, aproveitando-se do próximo, explorando os fracos, amaldiçoando as pessoas que não se sujeitam aos seus planos e, depois, voltam para este local sagrado, onde tudo está em ordem, protegido e acima de qualquer suspeita". Jesus, 650 anos mais tarde, usou esse texto de Jeremias em sua "purificação do templo", quando expulsou os vendedores e cambistas (Mc 11:15-19). De igual modo, Paulo advertiu Timóteo acerca das pessoas que "tendo forma de piedade, negavam-lhe, entretanto, o poder" (2Tm 3:5).

Jeremias foi bem específico em sua acusação: "Que é isso? Furtais e matais, cometeis adultério e jurais falsamente, queimais incenso a Baal e andais após outros deuses que não conheceis, e depois vindes, e vos pondes diante de mim nesta casa que se chama pelo meu nome, e dizeis: Estamos salvos; sim, só para continuardes a praticar estas abominações!" (Jr 7:9,10). A prática religiosa era impecável, porém, o comportamento na vida diária era corrompido.

O lado exterior é muito mais fácil de reformar do que o interior. Freqüentar assiduamente uma boa igreja e repetir palavras certas é imensamente mais fácil de fazer do que se esforçar para manter uma vida de justiça e amor entre as pessoas com as quais se trabalha e convive. Aparecer na igreja uma vez por semana, cantar com entusiasmo e repetir o amém é muito mais simples do que se dedicar a uma vida de contínua oração e meditação nas Escrituras, e desenvolver, assim, no íntimo, uma real preocupação com a miséria e a injustiça, com a fome e as guerras.

IMAGENS SEM SUBSTÂNCIA

Será que as pessoas que agem assim estão apenas tentando, de forma consciente, manter uma fachada de santidade aos olhos de seus vizinhos e ludibriar Deus para receber suas bênçãos? É possível que algumas sim, porém, creio que a grande maioria não tem consciência disso. Não acredito que o problema chegue a esse ponto. Penso que as pessoas têm vivido por muito tempo preocupadas com aparências exteriores, esquecendo-se dos valores interiores. Creio que as pessoas ficaram tão impressionadas com o sucesso da reforma que pensaram que tudo se resumia nela. Vivemos numa cultura em que a imagem é tudo e a substância é nada, onde um novo começo é muito mais atraente do que a longa execução de um projeto. Imagens são importantes, começos são importantes, porém uma imagem sem substância é uma ilusão. Um começo sem continuidade não passa de uma mentira.

Jeremias tentou levar seu povo ao reconhecimento dessa verdade óbvia, porém muitas vezes ignorada, enviando-o a Siló: "Mas ide agora ao meu lugar que estava em Siló, onde, no princípio, fiz habitar o meu nome, e vede o que lhe fiz, por causa da maldade do meu povo de Israel" (Jr 7:12).

Siló foi um dos lugares sagrados mais famosos da história dos hebreus. Localizado no centro do país, havia sido inicialmente o lugar de culto e orientação de Israel. Quando Josué trouxe o povo à Terra Prometida, após sair do Egito e peregrinar quarenta anos no deserto, foi em Siló que os hebreus ergueram e estabeleceram o Tabernáculo, bem como dividiram o território entre as doze tribos. A sagrada arca da aliança foi guardada naquele local. Ali o grande profeta Samuel pregou seus sermões de admoestação. Siló teve, de fato, um início esplendoroso. Foi uma imagem gloriosa. No entanto, tudo o que Siló tinha sido resumia-se agora a um monte de pedras no meio de um campo cheio de ervas daninhas, como qualquer viajante vindo da Galiléia rumo a Jerusalém podia constatar. Siló havia sido o lugar certo. Naquele local, as palavras corretas haviam sido ditas. Porém, quando o lugar certo não estimulava mais o andar com Deus, quando as palavras corretas não mais expressavam amor e fé, Siló foi destruído.

Se isso sucedeu a Siló, poderia muito bem acontecer com Jerusalém, ou com qualquer outro lugar onde o povo se reunisse para cultuar a Deus. Não é suficiente estar no lugar certo e dizer as palavras corretas; nunca é suficiente até que caminhemos com Deus 24 horas por dia, por onde formos, de tal modo que tudo o que dissermos seja uma fiel expressão de amor e de fé.

UMA CARREIRA DURADOURA

Quando converso com casais que me procuram querendo se preparar para o casamento, com freqüência, digo: "As cerimônias são muito fáceis, mas os casamentos são difíceis". O casal se preocupa em planejar a cerimônia; eu almejo planejar o casamento. Eles querem saber onde as damas de honra deverão ficar. Eu quero apresentar a forma como o perdão deve funcionar. O casal quer decidir quais músicas serão tocadas na cerimônia; eu pretendo falar sobre as emoções do casamento. Posso realizar uma cerimônia de casamento em vinte minutos e de olhos fechados, mas um casamento propriamente dito demanda anos a fio de atenção redobrada e de olhos bem abertos.

As cerimônias matrimoniais são importantes. São bonitas, tocantes, cheias de emoção e, algumas vezes, extremamente onerosas. Elas nos levam das lágrimas ao riso. Ao longo delas nos preocupamos em estar no lugar certo, na hora certa e em pronunciar as palavras certas. O lugar onde as pessoas devem ficar é importante. A maneira como se vestem tem certo significado. Cada pequeno detalhe — uma flor, um candelabro — é inesquecível. Porém, a realização disso tudo é, comparativamente, fácil.

A vida matrimonial, porém, é complexa e difícil. Na vida a dois temos que fazer funcionar cada detalhe das promessas e dos compromissos assumidos durante a cerimônia. Nos anos de casamento desenvolvemos a duradoura e rica vida de amor fiel prenunciada naquele evento religioso. Desse modo, a cerimônia de enlace isolada, sem a vida comum do casamento, não significa muita coisa. Pouco importa se o casal, a cada aniversário de sua união, veste novamente as roupas da cerimônia e repete: "Estamos casados" se não há um compartilhar de amor diário, se não há permanente ternura, se um não ouve o outro com atenção, se não há generosidade criativa ou bendizer mútuo.

A reforma realizada por Josias foi como uma cerimônia de casamento. Jeremias, por sua vez, preocupou-se com o casamento em si, com a união diária. Realmente foi um grande feito repudiar os atos de Manassés e reafirmar a aliança do povo com Deus. Mas andar nos caminhos do Senhor e abraçar seu amor constitui uma jornada duradoura. O povo acolheu a reforma imposta por Josias, mas ignorou a pregação de Jeremias. A grande realização do profeta ao longo da vida consistiu em não permitir que a vazia tagarelice religiosa das massas nublasse suas percepções ou emudecesse seu insistente testemunho.

22/08/2009

6 A MENTE CRIATIVA

Palavra do SENHOR que veio a Jeremias, dizendo: Dispõe-te, e desce à casa do oleiro, e lá ouvirás as minhas palavras. Desci à casa do oleiro, e eis que ele estava entregue à sua obra sobre as rodas. Como o vaso que o oleiro fazia de barro se lhe estragou na mão, tornou a fazer dele outro vaso, segundo bem lhe pareceu.

JEREMIAS 18:1-4

É, de fato, por meio da analogia que eu creio que a mente produz seus mais ricos movimentos, e é também por meio da analogia que eu acredito que nossa mente faz uso, de forma mais profunda, daquilo que entendeu; também creio ser ela, em algum grau, uma forma apropriada de olhar para a atividade mental numa sociedade como a nossa, sem característica fixa e que atua sob uma revelação compreendida de maneira imperfeita. É pela analogia que o falcão pode ouvir novamente o falcoeiro, e é por meio dela que as coisas podem se juntar outra vez, e o centro de tudo pode ser novamente mantido.

R. P. BLACKMUR[1]

[1] *The Lion and the Honeycomb.* New York: Harcourt, Brace & World, 1955, p. 179-180.

Willi Ossa era um artista que trabalhava à noite como zelador de uma igreja no West Side, em Nova York, para sustentar a família, constituída de sua esposa e uma filha pequena. Durante o dia ele se dedicava à sua verdadeira vocação, a pintura. De nacionalidade alemã, Willi cresceu durante a guerra e se casou com uma jovem americana, filha de um oficial do exército das forças de ocupação. Eu o conheci quando ainda era estudante de teologia e trabalhava na mesma igreja como pastor auxiliar.

Willi gostava de falar sobre religião. Em contrapartida, eu gostava de conversar sobre arte. Assim, nos dávamos muito bem e mantínhamos longos diálogos sobre os assuntos de nosso interesse. Um dia ele decidiu pintar meu retrato. Então, durante algumas semanas passei a visitá-lo em sua casa, no caminho para o trabalho na igreja, dedicando cerca de trinta minutos de minhas tardes à função de modelo. Willi nunca permitiu que eu visse o que ele estava pintando. Dia após dia, semana após semana, eu posava imóvel enquanto ele pintava. Certo dia, sua mulher entrou no aposento que lhe servia de ateliê, olhou para o quadro já em fase final de criação e exclamou com notável indignação:

— Krank, Krank.

O pouco conhecimento que eu tinha da língua alemã me permitiu compreender o que ela estava dizendo:

— Doente! Você o pintou com a aparência de um cadáver!

Willi respondeu:

— *Nicht krank, aber keine Gnade* — ou seja — Ele não está doente: essa é a aparência que ele terá quando a compaixão se for, quando a misericórdia lhe for removida.

Algumas frases entrecortadas foram suficientes para que eu, sem ver o quadro, compreendesse perfeitamente o que Willi estava fazendo. Com freqüência tínhamos discutido até altas horas da noite sobre a fé cristã. Ele odiava a igreja.

Para ele todos os cristãos eram hipócritas — todos eles. Em meu caso, ele fizera uma concessão parcial pelo bem de nossa amizade. Todos os cristãos que ele conhecera quando jovem tinham colaborado com os nazistas. Muitos deles tinham sido responsáveis pelos campos de concentração e pela cremação de seis milhões de judeus. Também tinham contribuído para tornar sua amada Alemanha numa máquina de guerra pagã. Na experiência de Willi, a palavra *cristão* estava associada a cristãos da igreja estatal que haviam sido batizados, participavam da comunhão e tocavam Mozart enquanto levavam a nação a cometer atrocidades em larga escala, nunca vistas antes pelo mundo.

Sua tese era de que a igreja tinha destruído o espírito e a moralidade das pessoas, reduzindo-as a uma mera função dentro da burocracia, onde os rótulos assumiam o lugar das faces e as regras eram mais importantes que os relacionamentos. Como não poderia deixar de ser, eu discordava. Algumas vezes, ele se mostrava veemente. O domínio que Willi tinha da língua inglesa era adequado, mas não fluente; quando ele se exaltava, começava a falar em alemão: "Mas, não há misericórdia na igreja, *keine Gnade*, nenhuma compaixão". Ele me aconselhou a jamais me tornar um pastor. Disse que, se o fizesse, em vinte anos eu não seria nada mais do que um clérigo de olhar profundo, sem nenhuma utilidade, servindo apenas para realizar alguns trabalhos de escritório.

Era isso o que ele estava pintando, dia após dia, sem meu conhecimento: um alerta profético. Um quadro que retratava não minha aparência de então, mas como ele tinha certeza que eu seria se persistisse na vocação cristã. O retrato está comigo até hoje. Eu o mantenho guardado em um armário e, de tempos em tempos, o retiro de lá para dar uma olhada. O olhar com que fui retratado é opaco e vazio. O rosto é esquelético e com ar pouco saudável. Nunca me convenci de que o que Willi retratou iria acontecer — se assim fosse, jamais me tornaria um pastor — mas eu sabia que aquilo era possível. Eu tinha consciência disso antes mesmo de conhecê-lo. Essa conscientização surgiu por meio da leitura das Escrituras e da observação dos fatos ao meu redor. Porém, a imaginação artística de Willi criou um retrato cujos detalhes eram muito mais vívidos do que qualquer alerta verbal. O artista nos mostra, antecipadamente, o que vai acontecer. Ele tem olhos capazes de conectar o visível e o invisível, assim como a habilidade de nos mostrar, de forma completa aquilo que, distraídos, vemos somente de forma fragmentada. Por isso, costumo olhar para o quadro e depois para o espelho a fim de comparar as duas imagens.

MESTRE DA IMAGINAÇÃO

Jeremias também tinha uma imaginação artística. Ele foi uma das mais poderosas mentes criativas da história humana. Essa capacidade usada em sua vocação profética nos mantém em contato com a realidade de Deus e com nossa vida em seu aspecto essencial. A imaginação criativa de Jeremias nos desperta para a realidade divina que permeia tudo ao nosso redor, mostra como nossa vida é interiormente e nos obriga a examinar o que supomos estar fazendo além do que Deus está realizando em nós.

Jeremias, atento e sensível à direção de Deus, recebeu a seguinte ordem: "Dispõe-te, e desce à casa do oleiro, e lá ouvirás as minhas palavras". A tarefa de Deus, por intermédio de Jeremias, era esta: como posso fazer com que essas pessoas me levem a sério exatamente na situação em que elas se encontram? Como posso fazê-las enxergar que já estou trabalhando, silenciosa e invisivelmente, porém certa e eternamente, na história de sua vida? Como posso fazê-las ver a ligação que existe entre o que fiz por intermédio de Abraão, Moisés e Davi, e o que elas são hoje? Como posso fazer com que elas se dispam de seus tediosos egos, dando lugar à minha gloriosa vontade, aqui e agora? "Dispõe-te, e desce à casa do oleiro".

Os grandes mestres na arte da imaginação criadora não partem do nada: eles chamam nossa atenção para o que está bem diante de nossos olhos. Então, nos capacitam para ver o todo — não os fragmentos, mas o contexto, com todos os seus vínculos e contornos. Eles conectam o visível ao invisível, o *isto* com o *aquilo*. Eles nos ajudam a ver aquilo que constantemente está diante de nós, mas que, regularmente, ignoramos ou não percebemos. Com sua ajuda, os fatos são vistos por nós não mais como coisas comuns, mas assombrosas; não mais como realidades banais, mas extraordinárias. Por essa razão, a imaginação criadora é um dos instrumentos mais importantes no cultivo de uma vida de fé. Pois a fé não é uma forma de escapar do cotidiano, mas um mergulho em suas profundezas. "Dispõe-te, e desce à casa do oleiro." Vá ao sapateiro. Desce ao balcão do açougueiro. Vá à banca de doces. Vá onde o trabalho cotidiano está sendo realizado. Em nossa sociedade, talvez Jeremias fosse enviado ao posto de gasolina. No Israel do século VII a.C., a casa do oleiro era um ponto de referência dentro de qualquer comunidade. O oleiro era um artífice cuja casa todos conheciam, cuja atividade era familiar e necessária para a vida cotidiana.

"Desci à casa do oleiro, e eis que ele estava entregue à sua obra sobre as rodas." Jeremias observou o oleiro em sua labuta. O oleiro estava na roda, trabalhando em uma massa de barro ainda disforme. Ele girava o torno e seus habilidosos dedos davam forma ao barro. Uma leve pressão aqui, outra mais intensa ali, e um vaso começava a surgir do barro disforme.

Você tem idéia da importância da cerâmica? A invenção do trabalho em barro deu início a uma verdadeira revolução. Antes do surgimento dessa atividade havia somente tribos nômades, conduzindo rebanhos de animais, deslocando-se de um lugar para outro, movidas pela falta de água ou de alimento. Não havia tempo para desenvolver coisa alguma, nem descanso para dedicar-se à reflexão. Era uma cultura de subsistência, de busca diária de sobrevivência. Porém, a invenção da cerâmica tornou possível armazenar e transportar víveres. Agora era possível permanecer mais tempo num lugar, pois havia como guardar a água e os grãos para o inverno seguinte. Era possível cozinhar e transportar mercadorias. A cerâmica assinalou uma revolução que resultou no que chamamos de civilização — a Era Neolítica.[2]

Tente imaginar como a vida seria diferente se não houvesse recipientes nos quais pudéssemos armazenar as coisas: nada de potes e panelas, tigelas e pratos, baldes e jarras, canecas e barris, nada de caixas de papelão e envelopes de papel pardo, nada de sacos de grãos e tanques para armazenar líquidos. A administração dos mantimentos seria reduzida ao que se usa num único dia, ao que se pode levar nas mãos. O advento da cerâmica possibilitou o desenvolvimento das comunidades. A vida estendeu-se para além do imediato e do urgente.

O impacto prático da invenção da cerâmica foi imenso. Porém, existiu algo mais nisso tudo que foi igualmente importante. Ninguém jamais foi capaz de fazer um pote de barro que fosse *apenas* um pote de barro.

---

[2] A trajetória não é tão clara como a descrevi. As escavações de Jericó, feitas por Kathleen Kenyon, mostram vida na cidade em tempos anteriores ao advento da cerâmica — "período neolítico pré-cerâmica". Porém, com exceção de Jericó e outros dois ou três sítios, a generalização ainda é válida. Cf. Kathleen KENYON. *Digging Up Jericho*. Londres: Ernest Benn, 1957.

Cada um deles é também uma pequena obra de arte. Os oleiros estão sempre inovando, criando novos contornos, tamanhos e processos de modelação para dar forma e acabamento finais que resultem numa combinação agradável de curvas. Não existe uma peça de cerâmica que, além de ser útil, não seja ao mesmo tempo bela. Ela é modelada, desenhada, levada ao forno e pintada. É um dos utensílios mais funcionais que existem, e também um dos mais bonitos.

Na época em que Jeremias viveu, ninguém colocava uma peça de cerâmica na prateleira apenas para admirá-la, usando-a somente como item decorativo, a fim de dar um toque de estética ao ambiente. Porém, o contrário também era verdade. Ninguém usava a peça de cerâmica apenas por causa de sua utilidade — sempre havia no objeto os sinais das mãos de um artista.

É difícil compreendermos perfeitamente a importância dessa associação, pois vivemos num mundo muito diferente. Geralmente, fazemos distinção entre o que é útil e o que é belo, entre o necessário e o decorativo. Usamos sacos de papel pardo para guardar mantimentos, sem nenhuma preocupação com a estética. Afinal, tudo o que queremos é algo para guardar os produtos em casa. Se quisermos embelezar as paredes de nossos lares compramos quadros. Construímos prédios de escritórios sem nenhuma originalidade e feias fábricas apenas visando à funcionalidade dos trabalhos que serão desempenhados. Em contrapartida, construímos lindos museus para abrigar objetos de arte. Houve, porém, períodos na história em que as coisas eram melhores, quando o necessário e o belo estavam interligados, quando, na verdade, era inimaginável separar essas duas características. Com certeza era assim para Jeremias: não havia sacos de papel ou museus, mas havia a cerâmica. Por toda parte. Útil e bela. Funcionalmente necessária e artisticamente bonita. Duas características presentes numa mesma peça que, de forma nenhuma, podiam ser vistas em separado.

A imaginação criadora de Jeremias começou a trabalhar quando ele viu aquele oleiro moldando o barro disforme na roda. É provável que Jeremias já tivesse visto muitos oleiros trabalhando antes, mas, naquela ocasião, ele viu algo mais — ele vislumbrou Deus modelando um povo para sua glória. Um povo de Deus. Homens e mulheres criados à imagem divina. Necessários, mas não só isso — belos também. Formosos mas não isso apenas — úteis também. Cada ser humano é um misto de necessidade e liberdade. Não há pessoa que não seja útil, que não tenha seu papel dentro do que Deus está realizando. E não há ninguém que não seja único, dotado de linhas, cores e formas totalmente distintas das que há em qualquer outro. Todas essas verdades tornaram-se cristalinas na mente de Jeremias na casa do oleiro: o aspecto bruto do barro, úmido e sem vida, ia sendo modelado para um propósito específico pelas mãos habilidosas do oleiro e, enquanto o barro ia adquirindo forma, o profeta compreendeu a singular individualidade e a ampla utilidade que aquele barro teria quando todo o processo, da modelagem ao acabamento final, passando pela pintura e pelo cozimento, fosse concluído. Deus nos molda de acordo com seus eternos propósitos e inicia esse processo aqui mesmo. O pó de onde viemos e a imagem de Deus à qual fomos feitos são um e os mesmos.

O VASO ARRUINADO

E, então, algo saiu errado: "Como o vaso que o oleiro fazia de barro se lhe estragou na mão...".

Jeremias sabia tudo sobre isso. Ele sabia que podia haver vasos ruins e danificados — homens e mulheres com impurezas, com pequenos defeitos e trincas que resistem às mãos do divino oleiro. Dia após dia, Jeremias convivia com pessoas inúteis: as imperfeições tinham transformado suas vidas em recipientes danificados, que não podiam reter o vinho ou a água. Uma falha no processo fez com que suas vidas se tornassem trôpegas, inconstantes e alienadas. O profeta tinha outras palavras para descrever isso: pecado, rebelião, vontade própria, desvio. Ele, porém, nunca tinha presenciado uma ilustração tão perturbadora dessa realidade.

Jeremias continuou a observar. O que o oleiro ia fazer agora? Chutar a roda e gritar impropérios, demonstrando o quanto estava contrariado? Jogar o barro em cima de um cachorro e ir comprar outra marca? Nada disso: "[...] tornou a fazer dele outro vaso, segundo bem lhe pareceu". Deus amassa e pressiona, estica e comprime. O trabalho de criação é, então, reiniciado, hábil e pacientemente. Deus não desiste de fazer bons vasos. Ele não joga fora o vaso danificado. Usando uma imagem diferente, George Herbert expressou a mesma idéia: "As tempestades são o triunfo de sua arte".[3]

[3] "The Bag", *The Temple*. New York: Paulist, 1981, p. 276.

ESPERANÇA E ADVERTÊNCIA

Na seguinte mensagem, encontramos a esperança e a advertência de mãos dadas: "Não poderei eu fazer de vós como fez este oleiro, ó casa de Israel?" (Jr 18:6). Deus prossegue nas duas direções: "Se a tal nação se convencer da maldade contra a qual eu falei, também eu me arrependerei do mal que pensava fazer-lhe" (Jr 18:8). No entanto: "Se ela fizer o que é mal perante mim e não der ouvidos à minha voz, então, me arrependerei do bem que houvera dito lhe faria" (Jr 18:10). Nenhuma previsão ruim é tão definitiva em sua condenação que não possa ser modificada. É também verdade que nenhuma promessa divina constitui uma licença para a indolência. "O barro *pode* frustrar a intenção do oleiro e fazê-lo mudar de idéia: assim como a qualidade do barro determina o que o oleiro pode fazer com ele, também a qualidade de uma pessoa determina o que Deus pode fazer com ela".[4]

As pessoas se recusam a responder, a participar e a, voluntariamente, se envolver nos modeladores propósitos de Deus: "Mas eles dizem: Não há esperança, porque andaremos consoante os nossos projetos, e cada um fará segundo a dureza do seu coração maligno" (Jr 18:12). Será que as pessoas se sentem prisioneiras da condição em que vivem e, então, simplesmente tentam fazer o melhor (ou o pior!) com o que não podem mudar? Jeremias não concordaria com esse fatalismo. Ele continuou a pregar. Sua visita à casa do oleiro e seu sermão sobre o processo de fabricação do vaso são apresentados para fazer com que as pessoas sejam sensíveis ao Deus que, misericordiosamente, tenta moldar suas vidas a fim de torná-las úteis e belas. Em tal cenário, mesmo seus juízos são vistos como atos de misericórdia.

Em sua recalcitrante e obstinada descrença, o povo atravessaria um inimaginável período em que o mal reinaria soberano; um período cujo negativo clímax foi a queda de Jerusalém e o Exílio Babilônio. Aquele povo, porém, jamais seria definitivamente descartado.

DEUS, O OLEIRO

Eis um dos mais poderosos sermões de Jeremias. Sua ilustração tem chamado a atenção das pessoas de fé por toda parte. Uma das razões de sua eficácia é o fato

[4] John BRIGHT. *Jeremiah.* Garden City: Doubleday, 1965, p. 125.

de Jeremias tê-la vivenciado antes de pregar. Pois nenhuma obra de criatividade, profecia ou arte é poderosa se antes não se forma no interior. Aquela figura foi sendo talhada por longo tempo no íntimo de Jeremias. A primeira palavra que ele recebeu de Deus foi: "Antes que eu te formasse no ventre materno, eu te conheci..." (Jr 1:5). O verbo *formasse* é *yatzar*. No momento em que Jeremias está pronto para apresentar uma imagem mediante a qual o povo fosse capaz de compreender sua posição em relação a Deus, ele vai à casa do *yotzer*, o oleiro. A primeira palavra que Jeremias aprendeu e que o ajudou a compreender sua própria vida, *yatzar*, é a palavra agora usada para levar as pessoas a entender a vida também: Deus moldou Jeremias; Deus está moldando as pessoas. Ele é o oleiro, um *yotzer*, formando em sua divina roda um Jeremias de barro, moldando pessoas que são como barro; ele dá forma, *yatzar*, a elas. Jeremias prega ao povo o que ele mesmo experimentou.

Toda verdade deve ser vivida pessoalmente para ser completa, para ser autêntica. A verdade de que Deus nos molda, de que somos formados por ele, foi vivida por Jeremias desde o princípio. Ele a provou em seus detalhes. Ele girou na roda do oleiro antes de seu nascimento. Para Jeremias, nenhuma palavra tinha mais significado do que esta: *formado* por Deus. A experiência do profeta era de que sua vida fora moldada pelo trabalho criativo de Deus. Ele não era um aglomerado aleatório de células. Tinha sido formado por mãos amorosas e hábeis. Ele não era uma substância cheia de potencial, apenas aguardando o momento oportuno para, então, de livre vontade, fazer de sua vida algo importante. Ele já fora feito importante por Deus, já fora moldado para os propósitos divinos.

A vida de fé tem uma dimensão fortemente física. Ser um cristão tem muito que ver com nossa carne — o tempo, o espaço e as coisas materiais. Isso implica ser colocado na roda do oleiro e transformado por inteiro em algo útil e belo. Então, quando perdemos a beleza e a utilidade, somos moldados novamente. O processo é doloroso, mas vale a pena.

O quadro pintado por Willi mostra em que me tornaria se abandonasse ou negasse a fé num Deus misericordioso. A imagem do oleiro retratada por Jeremias mostra no que me transformo à medida que submeto minha vida ao Deus criativo e misericordioso. Nossa vida se transforma em objetos de cerâmica que possibilitam o surgimento de uma nova civilização — a que Jeremias chamou de "povo de Deus", Jesus de "reino de Deus", e Agostinho denominou "cidade de Deus". Não mais cada um por si e o maligno sobre todos. Somos recipientes, "regiões do ser", nas palavras de Heiddeger, nas quais o amor, a salvação e a misericórdia são conservados e compartilhados. Tudo se encaixa e faz sentido agora — o formato da criação e o formato da salvação; a mão modeladora de Deus e o formato de minha vida.

7 FALANDO O QUE NÃO SE QUER OUVIR

Pasur, filho do sacerdote Imer, que era presidente na casa do SENHOR, ouviu a Jeremias profetizando estas cousas. Então, feriu Pasur ao profeta Jeremias e o meteu no tronco que estava na porta superior de Benjamim, na Casa do SENHOR. No dia seguinte, Pasur tirou a Jeremias do tronco. Então, lhe disse Jeremias: O SENHOR já não te chama Pasur e sim, Terror-Por-Todos-Os-Lados.

JEREMIAS 20:1-3

Ao contrário do que se imagina, eu olho para trás e vejo com especial satisfação as experiências que, à época, pareciam notadamente desoladoras e dolorosas. De fato, posso afirmar com total sinceridade que tudo o que aprendi em meus 75 anos de permanência neste mundo, tudo o que verdadeiramente fortaleceu e iluminou minha existência, veio por intermédio da aflição e não da alegria perseguida ou alcançada. Em outras palavras, se fosse possível eliminar a aflição de nossa vida terrena, seja por meio de alguma droga seja pela medicina alternativa, o resultado não seria uma vida melhor, mas, sim, uma vida insuportavelmente banal e vulgar. Este, é claro, é o significado da cruz. E foi a cruz, mais do que qualquer outra coisa, que me levou, de forma inexorável, a Jesus Cristo.

MALCOLM MUGGERIDGE[1]

[1] *A Twentieth Century Testimony*. Nashville: Thomas Nelson, 1978, p. 72.

Minha primeira atribuição após ser ordenado quase acabou comigo. Fui chamado para ser pastor auxiliar numa grande igreja. Fiquei muito feliz por fazer parte de tão bem-sucedida organização. Depois de algum tempo ali, algumas pessoas me procuraram pedindo que eu as liderasse em um estudo bíblico. "Claro", respondi, "nada me deixaria mais satisfeito". Combinamos nos encontrar todas as segundas-feiras à noite. O grupo não era grande, apenas oito ou nove pessoas entre homens e mulheres, mas, ainda assim, era o triplo do número de pessoas que Jesus havia definido como *quorum* mínimo. Elas eram atenciosas e interessadas. De minha parte, eu estava cheio de entusiasmo. Então, passadas algumas semanas, o pastor titular, meu chefe, me perguntou o que eu estava fazendo nas segundas-feiras à noite. Eu lhe falei sobre o grupo. Ele quis saber quantas pessoas freqüentavam as reuniões. Eu lhe respondi. Por fim, ele me disse que eu deveria interromper as reuniões. "Por quê?", perguntei. Ele respondeu: "A relação custo-benefício é ruim. É muito tempo gasto com pouca gente".

Então recebi uma aula sobre como deveria investir meu tempo. Fui instruído nos princípios administrativos que norteiam uma igreja bem-sucedida: as multidões são importantes, os indivíduos onerosos demais; o positivo deve sempre ser exaltado, o negativo, suprimido.

Não tenha grandes expectativas quanto às pessoas. Seu trabalho é fazê-las se sentir bem no tocante a si mesmas e à igreja. Não fale muito sobre abstrações como Deus e o pecado. Lide apenas com questões práticas. Nós tínhamos uma área musical bem estruturada, onerosa e cheia de talento. Os sermões não duravam mais que sete minutos e eram daquele tipo que o padre Taylor (o marinheiro-pregador de Boston que serviu de modelo para a criação do padre Mapple, personagem do livro *Moby Dick*, de Herman Melville) criticou como próprio dos transcendentalistas do século XIX, dizendo que era mais fácil uma pessoa se intoxicar bebendo leite desnatado que se converter ouvindo aqueles sermões.[2]

Logo ficou evidente que eu não me enquadrava naquele modelo. Eu pensava que estava ali para desempenhar a função de pastor, ou seja, para proclamar e explicar as Escrituras, para guiar as pessoas a uma vida de oração, para encorajar a fé, para relembrar a misericórdia e o perdão de Cristo nos momentos de necessidade, para capacitar pessoas a ser discípulos dentro de suas famílias, nas comunidades em que viviam e em seus ambientes de trabalho. Na verdade, porém, tinha sido contratado para auxiliar no gerenciamento de uma igreja e deveria fazê-lo da melhor forma possível; tinha sido contratado para ser uma espécie de líder de torcida à frente daquela dinâmica organização; para recrutar membros, para emprestar a dignidade de minha função a certas ocasiões cerimoniais; para promover a imagem de uma prestigiosa instituição religiosa.

Eu deixei aquela igreja o mais rápido que pude. Na época pensei que apenas tinha sido infeliz na escolha. Mais tarde, entretanto, concluí que minha experiência negativa não era um fato isolado. Tais expectativas frustradas e os conflitos que delas surgem são um dos principais temas na história da religião.

EXPECTATIVAS CONFLITANTES

Algumas pessoas vão à igreja buscando uma forma de melhorar a vida, sentir-se bem consigo mesmas e ver as coisas com maior clareza e compreensão. Elas organizam um ritual e contratam um pregador para fazer o que idealizaram. Outras buscam a igreja porque querem que Deus as salve e governe suas vidas. Elas aceitam o fato de que há tentações, sacrifícios e sofrimentos envolvidos na decisão de abandonar uma vida na qual estão no controle para lançar-se em um modo de vida incerto, onde quem está no comando é Deus. O primeiro grupo vê a religião como uma receita rápida para o viver feliz e vitorioso; nada que interfira no sucesso ou interrompa a felicidade pode ser tolerado. O outro grupo enxerga a religião como um caminho no qual pessoas feridas e imperfeitas se completam numa relação com Deus. Tudo elas aceitam — zombaria, perseguição, renúncia, dor,

[2] F. O. Matthiessen. *American Renaissance*. New York: Oxford University Press, 1968, p. 182.

abnegação — desde que contribua para aprofundar e fortalecer essa realidade. Um é o caminho da exaltação do que queremos; o outro é o caminho do comprometimento pessoal para ser aquilo que Deus deseja. Sempre e em todos os lugares esse conflito de expectativas estará em evidência. Está patente na experiência de Jeremias e eclode, de maneira dramática e barulhenta, na Jerusalém daqueles dias.

O PREGADOR POPULAR

Na época em que Jeremias viveu houve um impressionante reavivamento religioso. A onda reformista iniciada pelo rei Josias varreu o país, tornou conhecida a Palavra de Deus e popularizou o culto ao Senhor. Jeremias era um dos pregadores da reforma. Sem dúvida, ele devia se sentir satisfeito com a afluência de pessoas ao templo. Dificilmente deixaria de se alegrar com o fato de as Escrituras ser conhecida e pregada novamente.

Entretanto, durante aqueles anos, Pasur foi provavelmente o pregador mais popular de Jerusalém. Ele era um homem proeminente e um dos principais líderes do templo. Quando as pessoas o viam na liderança daquela próspera instituição religiosa, não podiam se sentir melhor. Seu entusiasmo era eletrizante. Quando ele estendia suas mãos para dar a bênção, todos, do mais humilde ao mais nobre, se sentiam incluídos nela. Todos apreciavam ouvi-lo, pois Pasur era otimista, interessado e confiante. Ele tinha a capacidade de extrair o melhor de todas as coisas. Era capaz de pesquisar as Escrituras e encontrar textos que iluminavam o dia mais sombrio.

Viver é difícil. Há muitas coisas que podem dar errado. Elaboramos nossos planos com o maior cuidado e, mesmo assim, eles falham. Tentamos prosseguir, mas inexplicavelmente alguma coisa interfere e então fracassamos. Acidentes, fatores climáticos, a eterna perversidade da vida, a "Lei de Murphy". Em meio a tudo isso, há homens e mulheres que fazem com que tudo pareça melhor e mais fácil. O tom de suas vozes dissipa qualquer traço de tristeza e melancolia. Com um sorriso contagiante no rosto, tais pessoas nos fazem acreditar que tudo acabará bem.

É, assim, uma grande vantagem dispor de um lugar para ir de vez em quando, onde se pode recarregar as energias ouvindo uma pessoa capaz de nos influenciar positivamente — um lugar como o templo, alguém como Pasur. Ele via o lado positivo de todas as coisas. Interpretava a presente situação de tal forma que todas as ansiedades e temores eram dissipados. Pasur era um patrimônio nacional. Ele tinha uma multidão de imitadores — profetas, sacerdotes e mestres, especializados na arte de massagear a *psique* nacional. Flannery O'Connor descreveu como seria um de seus descendentes no século XX: "De fato, seria uma combinação de ministro e massagista".[3] Sua palavra favorita era *paz*: "Tudo vai acabar muito bem. Deus está realizando seus propósitos em nós. Somos o povo de Deus e ele vai abençoar todas as pessoas da Terra por nosso intermédio". Eles celebravam o passado ilustre — Moisés, o libertador; Josué, o conquistador; Davi, o doce salmista de Israel; Salomão, o insuperável em sabedoria e riquezas. Com tal sangue fluindo-lhe nas veias, o povo sabia que fazia parte de uma raça eleita.

Havia, com certeza, alguns problemas. Crimes ocasionais, relatos escandalosos de injustiça, um crescente abismo entre ricos e pobres. E ainda que a vida religiosa do povo estivesse publicamente limpa, era de conhecimento geral que todos os antigos rituais de fertilidade estavam sendo praticados em lugares afastados do país ("junto às árvores frondosas, sobre os altos outeiros" — Jr 17:2). O movimento de reforma tinha conseguido manter o comportamento escandaloso fora de vista e tornado a igreja popular novamente.

Essa situação, porém, não era suficiente para enfraquecer o pensamento otimista de Pasur. O povo o amava. As pessoas lotavam o templo para serem encorajadas por sua voz sonora e, para receber o conforto que advinha de seu fascinante sorriso: "Deus ama você... Paz, paz, paz".

PAZ, PAZ, QUANDO NÃO HÁ PAZ

Havia um homem em Jerusalém que não se deixava impressionar por Pasur. Jeremias não confiava nele. Em irada exasperação ele lamentou: "[...] tanto o profeta como o sacerdote usam de falsidade. Curam superficialmente a ferida do meu povo, dizendo: Paz, paz, quando não há paz" (Jr 8:10-11).

A tarefa do profeta não é colocar panos quentes, mas fazer o que é certo. A função da religião não é fazer com que as pessoas se sintam bem. Amor? Sim,

[3] *The Habit of Being*. New York: Farrar, Straus & Giroux, 1979, p. 81.

Deus nos ama. Porém, seu amor requer a fidelidade e o compromisso em retorno. Deus não deseja cuidar de animais de estimação, dando alimentação e afago. Antes, quer maturidade, pessoas livres que respondam a ele com sinceridade. Para que isso aconteça, deve existir honestidade e verdade. O eu deve ser retirado do pedestal. Deve haver corações puros e propósitos claros, confissão de pecados e compromisso de fé.

E paz? Sim, Deus nos concede paz. Porém, a paz que ele nos dá não é a paz das pessoas que evitam coisas desagradáveis. Não é a paz que se obtém quando se evita falar sobre assuntos dolorosos ou tocar em certas feridas. É uma paz obtida com dificuldade ao se aprender a orar. É preciso combater a maldade, derrotar a apatia, desafiar o cansaço, confrontar a ambição. Há pessoas de todos os tipos ao nosso redor, filhos e pais, jovens e adultos, pessoas que estão sendo cruelmente maltratadas e agredidas, afligidas e desprezadas. Qualquer pregação sobre paz que dá as costas para essa situação é uma tremenda farsa.

Não há nada de errado com o sucesso e, de igual modo, não há nada de errado com o aplauso. Atrair multidões não é, em si, prova cabal de que o pregador está anunciando um evangelho barato; e uma igreja lotada não é, por si só, evidência de superficialidade. Tampouco, usando um exemplo contrário, é sinal de integridade o fato de um homem ser perseguido e expulso de uma cidade por causa do que diz. Ele pode ser, de fato, um enganador perigoso. Também a pobreza não pode ser apontada como prova de corajosa integridade — a pessoa pode ser, simplesmente, incompetente. O erro está em avaliar o mérito das palavras e das ações por sua popularidade. Absurdo é aprovar somente o que recebe aplausos. Desastroso é acreditar que apenas o que é festejado por todos é genuíno.

Há momentos em que a verdade tem grande audiência, mas há outros em que não. Num dia, Jesus teve uma congregação de cinco mil homens, sem contar as mulheres e crianças, em outro, quatro mulheres e dois entediados soldados a ouvi-lo. Sua mensagem foi a mesma nas duas situações. Nós temos que aprender a viver de acordo com a verdade e não regidos por nossos sentimentos ou pela opinião da maioria; não pelo que a última pesquisa nos impõe como moralmente aceitável, não pelo que o governo ditatorial da indústria da propaganda nos diz sobre qual é o estilo de vida mais gratificante. Somos capacitados pela fé bíblica a considerar com cuidado tudo o que é dito pelos eruditos, pelos especialistas em opinião pública, pelos políticos e pelos pastores. Temos condições de ouvir a Palavra de Deus, avaliar qualquer coisa que contrarie o que o Senhor nos revela em Cristo, descobrir o significado e valor de tudo por meio do exame da vida à luz da vontade de Deus.

EGOS DESPÓTICOS

A missão de Jeremias era desafiar as mentiras e anunciar a verdade. Por que engolimos as mentiras com tanta facilidade? Por que criamos tantas barreiras para aceitar a verdade? A razão é que sempre buscamos o mais vantajoso. Queremos encontrar atalhos. No entanto, não existem caminhos mais fáceis. Há um caminho só. Se desejamos ser seres melhores, só há uma maneira de consegui-lo: junto a Deus. Nós temos de ser resgatados de nossos egos despóticos que nos reduzem a algo menos que humano. Nós temos que desmascarar a vida centrada no próprio ego e proclamar a verdadeira vida em cujo centro está Deus.

Jeremias queria que seu povo praticasse uma adoração genuína e dirigida a Deus, em vez de caminhar ao redor do templo e vangloriar-se diante dos espelhos da auto-admiração. Ele solicitou uma conferência com alguns dos líderes da cidade e os levou ao sul do templo, para o vale de Hinom, no local chamado Tofete. Ali, o sacrifício de crianças queimadas em holocausto continuava a ser realizado secretamente. Era o depósito de lixo da cidade. Um mau cheiro impregnava todo o ambiente.

Jeremias levara consigo uma botija de oleiro. Ele expressou sua preocupação aos líderes e anciãos que o acompanharam. Revelou que Deus nutria um amor imenso e tinha propósitos santos para eles. Ele repetiu o que já vinha pregando por muito tempo: que uma reforma é inútil se não resultar em mudança de vida; que nenhum proveito havia em manter o templo limpo e as peças de bronze polidas e brilhantes enquanto a qualidade de vida das pessoas era ignorada; que não era correto obedecer apenas à letra dos mandamentos escritos em Deuteronômio se o espírito de amor, também ali presente, era totalmente desconsiderado; que não era bom vibrar com as grandes tradições religiosas enquanto as pessoas de que não gostamos são tratadas como lixo; que não era justo enfatizar a cerimônia e o ritual da religião que nos fazem sentir bem se esses sentimentos não nos levam a praticar boas ações. A verdade está no íntimo: temos que experimentar em nós mesmos o que professamos. A verdade é social: temos que compartilhar com os outros o que pregamos. As estatísticas são uma farsa. A popularidade é apenas uma cortina de fumaça. Tudo o que importa é Deus.

Diante daqueles líderes, naquele lugar de pavorosas recordações, Jeremias os acusou de se renderem a um sistema religioso que lhes garantia o sucesso em qualquer um de seus empreendimentos, e de estarem, ao mesmo tempo, abandonando o Deus que os havia chamado para uma vida de amor e fé. Jeremias também os acusou de usar elementos religiosos dos povos que os cercavam criando um ritual religioso que promovia a cobiça, valendo-se de fórmulas religiosas com o fim de obter prosperidade financeira. Quando terminou seu breve discurso, Jeremias quebrou a pequena botija que levara, arremessando-a ao chão e dizendo: "Assim diz o SENHOR dos Exércitos: Deste modo quebrarei eu este povo e esta cidade, como se quebra o vaso do oleiro, que não pode mais se refazer" (Jr 19:11).

TERROR-POR-TODOS-OS-LADOS

A palavra do profeta correu célere. Quando Jeremias voltou ao templo, a cidade estava em estado de efervescência. É claro que o ocorrido em Tofete chegara aos ouvidos de Pasur e ele, como presidente na Casa do Senhor, era responsável por manter o sucesso da operação. Um homem como Jeremias era um grande estorvo. Assim, Pasur o prendeu e o colocou no tronco ao lado norte do templo. Jeremias foi humilhado, mas não intimidado. Ele se dirigiu a Pasur com palavras agudas como nunca antes falara. O fato de ter sido colocado no tronco pôde confiná-lo, mas não silenciá-lo. Ele disse seriamente a Pasur: "O SENHOR já não te chama Pasur e sim, Magor-missabibe, ou seja, Terror-Por-Todos-Os-Lados. O julgamento está próximo pelo pecado intencional que campeia e tudo o que você faz é aspergir água santa sobre ele. A Babilônia invadirá este lugar, saqueará tudo e levará o povo cativo. Quando isso acontecer, Pasur, o seu nome será lembrado como Terror-Por-Todos-Os-Lados. Ficará patente a todos que você e não Deus é o responsável pela perturbação da paz. A falsidade de sua pregação ficará exposta, a hipocrisia de seu culto será exibida e por essa causa o julgamento é inevitável. Sim, Terror-Por-Todos-Os-Lados será o seu nome".

Não foi a primeira vez que Jeremias usou essa expressão. Encontramos menção dela em pelo menos três outras passagens (Jr 6:25; 46:5 e 49:29). Considerando as circunstâncias do momento, colocar aquele rótulo em Pasur era um ato inútil. Pasur era o honrado presidente da Casa do Senhor, responsável por rituais admirados e aplaudidos por grandes multidões. Jeremias, por sua vez, estava amarrado ao tronco, exposto ao ridículo e ao escárnio público. Naquele dia, as pessoas que iam ao templo passavam por ele e usavam a aquela expressão contra ele próprio, em total desprezo e zombaria. Logo, uma multidão ria de sua situação.[4]

A humilhação sofrida por Jeremias fora completa: amarrado ao tronco, exposto ao ridículo popular e alvo de suas próprias palavras de condenação. A expressão que fora cunhada em meio ao sofrimento e desenvolvida a partir da preocupação pelos dias perigosos que seu povo estava vivendo era agora o lema de desprezo contra o próprio profeta.

MUROS DE BRONZE

Sem medo do tronco, nunca intimidado pelo escárnio ou acovardado pela humilhação, tampouco confuso, inseguro, ferido ou indeciso, Jeremias realmente era: "uma cidade fortificada, uma coluna de ferro e muros de bronze".

Não temos de gostar dessa situação. Jeremias não gostou. Ele clamou contra Pasur e, após fazê-lo, clamou a Deus com ira, dor e decepção por estar passando tamanha humilhação (Jr 20:7-10). Ele não gostou de enfrentar aquele sofrimento, porém não havia medo em seu coração porque o mais importante em sua vida era Deus — não era o conforto, o aplauso ou a segurança, mas o Deus vivo. O que ele mais temia era o culto sem reverência, a religião sem compromisso. Ele tinha medo de conquistar o que seu coração desejava e então se esquecer da vontade do Senhor. Essa é ainda a única coisa digna de nosso medo.

Que lamentável é desperdiçarmos estes curtos e preciosos anos, marcados pela promessa da eternidade com palavras e atitudes inúteis e vãs, quando podemos ser como Jeremias foi: seres intensamente humanos e fascinados por Deus.

[4] Permiti que minha imaginação corresse livremente comparando e contrastando Pasur e Jeremias. Isso me ocorreu por causa de um detalhe textual que sugere que Pasur deve ser visto como uma paródia de Jeremias — Pasur a corrupção da vida cuja integridade Jeremias procura preservar. Jeremias foi apontado como um profeta às nações ("Olha que hoje te constituo sobre as nações" — Jr 1:10). O verbo "constituir" é *paqad*. A forma substantiva deste verbo é *paqid* e designa um presidente. Pasur também é designado um *paqid* ("presidente na Casa do Senhor" — Jr 20:1). Portanto, os dois desempenhavam o papel de *paqid*, Jeremias como o profeta de Deus e Pasur como o supervisor do templo. Este, por ironia, é designado como *chefe*, *paqid nagid*. Ao utilizar a mesma raiz de palavra *(pqd)* para apontar suas respectivas funções e descrever o conflito existente entre eles por viverem vocações similares de modo tão distinto, o texto parece nos convidar à reflexão.

8

O VERDADEIRO PODER DA ORAÇÃO

Tu, ó SENHOR, o sabes; lembra-te de mim, ampara-me e vinga-me dos meus perseguidores; [...] Nunca me assentei na roda dos que se alegram, nem me regozijei; oprimido por tua mão, eu me assentei solitário, pois já estou de posse das tuas ameaças. Por que dura a minha dor continuamente, e a minha ferida me dói e não admite cura? Serias tu para mim como ilusório ribeiro, como águas que enganam?

JEREMIAS 15:15,17-18

Creio que falar com Deus é sempre melhor do que falar sobre Deus; naquelas conversas piedosas há sempre um ar de auto-aprovação.

TERESA DE LISIEUX[1]

[1] *Autobiography of a Saint*. London: Fontana Books, Collins, 1960, p. 94.

Sem dúvida alguma, as pessoas famosas suscitam nossa curiosidade. Como elas são interiormente? O que fazem quando não estão sendo observadas? O que acontece em sua vida privada? Nosso apetite por fofocas, por confissões, por revelações íntimas é insaciável. Para cada pessoa que lê no jornal o caderno de política, há vinte que lêem a coluna social que descreve em deliciosos e imperdíveis detalhes como foi o jantar de certa celebridade na noite anterior. Queremos saber como a pessoa é *realmente*. A imagem pública e os acontecimentos exteriores não nos satisfazem. Agarramo-nos, assim, a qualquer pequeno e insignificante detalhe que possa revelar o que acontece nos bastidores do coração.

Com freqüência, essa curiosidade tem origem em nosso desejo mesquinho de reduzir as pessoas ao nosso nível, de modo a não ficarmos perturbados diante de nossa própria pequenez. Esse é o tipo de atitude medíocre que Harry Stack Sullivan considerou tão reprovável: "Se tenho que me resignar a ser um pequeno morro, espero viver num lugar totalmente plano". No entanto, há um tipo de interesse pelos detalhes pessoais da vida de uma pessoa ilustre que é saudável. É a instintiva busca da característica essencialmente humana que estabelece uma conexão de afinidade conosco.

Como era Jeremias na realidade de seu íntimo? O que ele fazia quando estava sozinho? Como era seu comportamento quando ninguém estava olhando? O que ele fazia quando não havia ninguém para escutá-lo? Como ele aproveitava seu tempo quando não estava envolvido em alguma confrontação com os líderes religiosos de Jerusalém? Como agia quando não estava profetizando ao povo, censurando os oficiais do templo ou desafiando o *status quo* religioso? O que fazia quando não estava em evidência?

UM PROFETA DE ORAÇÃO

Há uma resposta simples, clara e direta para essas questões: ele orava. Há sete passagens no livro de Jeremias que são denominadas "confessionais".[2] Em cada uma delas o profeta fala na primeira pessoa, abrindo seu coração. Ele revela o que está acontecendo em seu íntimo enquanto os fogos de artifício queimam lá fora. Prendemos respiração diante dessas tão secretas revelações. Com freqüência ficamos desapontados e até mesmo desiludidos quando temos acesso aos diários, às cartas e gravações de pessoas que admiramos. Quantas reputações públicas resistem a uma completa exposição da vida particular?[3]

A vida íntima de Jeremias encontra-se revelada nessas confissões. Ficamos surpresos, porém não desiludidos. Quando Jeremias encontrava-se longe dos olhos do povo, ele estava em profunda comunhão com Deus, em oração. A vida secreta desse profeta era marcada pela intercessão constante. A origem da humanidade altiva de Jeremias era a oração.

Quando olhamos para Jeremias em sua vida privada, não o encontramos em companhia de alguns amigos pessoais, em animada conversa, contando histórias sobre Deus ou discorrendo sobre assuntos teológicos. Deus não é algo ou alguém para ser *discutido*. Tampouco encontramos Jeremias em alguma biblioteca estudando sobre Deus. Ele não se debruçou sobre os livros da Babilônia a fim de analisar as crenças daquele povo. Ele não estudou os rituais de sepultamento dos egípcios para aprender o conceito que aquele povo tinha sobre a imortalidade. Deus não é uma idéia ou um conceito a ser estudado. Também não o encontramos sentado à sua escrivaninha, de pena em punho, tentando responder, com sua mente aguda e inteligência profunda, a questões difíceis do tipo "Como um Deus bom permite o avanço do mal?". Deus não é um problema a ser solucionado.

[2] Jeremias 8:18—9:3; 11:18-23; 12:1-6; 15:10-12,15-21; 17:14-18; 18:18-23; 20:7-18.

[3] "Temos o registro de uma tentativa de descobrir ações ocultas de santidade que é tão interessante para nós quanto foi frustrante para o observador. A pessoa sob observação foi Francisco de Sales, e seu arrogante e curioso observador foi Jean Pierre Camus, bispo de Belley. Parece não ter havido má intenção no estratagema utilizado pelo bispo, mas, certamente, foi uma atitude de mau gosto. O bispo fez um buraco na parede atrás da cabeceira de sua cama, na residência episcopal, com o intuito de espionar seu anfitrião quando este estivesse sozinho... E o que Camus descobriu? Que Francisco levanta-se muito cedo e sem fazer barulho, para não acordar seu criado. Que ele orava, escrevia, respondia cartas, lia, dormia e orava novamente" (Phyllis McGinley. *Saint-Watching*. Nova York: The Viking, 1969, p. 17-18).

O que encontramos é Jeremias em constante *oração*: dirigindo-se a Deus e ouvindo sua resposta. A oração é o meio pelo qual nos aproximamos de Deus como um ser pessoal, como alguém com quem se pode conversar, não como um objeto sobre o qual falamos a respeito. O ato de orar implica atenção àquele que nos escuta e assiste. É a decisão de nos aproximarmos de Deus como a pessoa central, como nosso Senhor e Salvador. É a manifestação de nosso ser interior. A oração é uma linguagem pessoal levada ao mais alto grau. As sete passagens confessionais mostram Jeremias em seus momentos mais pessoais e transparentes dizendo *Eu* e *Tu*.

A INTIMIDADE DA ORAÇÃO

Quase todos acreditam que há um Deus e, ocasionalmente, se dirigem a ele de forma espontânea e casual. Porém, o ato de orar é totalmente diferente disso. Imagine-se jantando na companhia de alguém de quem você gosta muito; pode ser um amigo, esposa ou outra pessoa importante para você. O jantar acontece num restaurante fino onde tudo foi arranjado para criar uma atmosfera de privacidade. As luzes foram cuidadosamente direcionadas para que somente sua mesa ficasse iluminada, enquanto o resto do ambiente permanecesse na penumbra. Você percebe as outras pessoas e a movimentação no local, mas nada consegue perturbar sua privacidade. Há momentos de falar e escutar. Há outros de completo silêncio, cheio de significado. De vez em quando o garçom se aproxima de sua mesa. Você lhe faz perguntas e faz o pedido. Pede que encha seu copo novamente, rejeita o prato de brócolis porque foi servido frio, agradece o serviço atencioso e gentil e deixa uma gorjeta. Você sai do restaurante na companhia da pessoa que jantou com você, porém a conversa na rua é menos pessoal e mais informal.

Essa figura ilustra a oração. A pessoa com a qual passamos algum tempo em intimidade, numa conversa pessoal e profunda, é Deus. Algumas vezes temos o mundo a nos rodear, mas ele fica na penumbra, na periferia de nossos sentidos. A oração nunca ocorre na mais completa e absoluta solidão, mas na intimidade protegida com cuidado e mantida com zelo. A oração procede do desejo de ouvir a Deus, de falar com ele diretamente, seguido da busca de um tempo específico e dos meios para sua realização. Esse sentimento origina-se na convicção de que o Deus vivo é imensamente importante para mim, de modo que o que acontece entre nós exige atenção exclusiva.

Porém, há um arremedo de oração em que todos nós nos envolvemos com freqüência. Os detalhes são os mesmos, mas com duas diferenças: a pessoa sentada à mesa é seu ego e o garçom é Deus. Esse Deus-garçom é essencial, contudo periférico. Você não pode jantar sem que ele o sirva, mas ele não é um participante íntimo do evento. Ele é alguém para quem você dá ordens, faz suas reclamações e, talvez no final, diga obrigado. A pessoa que lhe absorve é o Eu — suas idéias, seus sentimentos, seus interesses e suas satisfações ou a falta deles. Quando você deixa o restaurante, imediatamente se esquece do garçom que o serviu até encontrá-lo no próximo jantar. Se for um restaurante aonde você vai com certa assiduidade, talvez se lembre até de seu nome.

As confissões de Jeremias não são paródias, mas mostram a atitude certa — o foco exclusivo em Deus, sem desviar o olhar ou a atenção. Esse é o fator responsável pelo que vemos de poderoso e atrativo na personalidade desse profeta. Eis a fonte da forte personalidade e incorruptível integridade tão impressionantes em Jeremias.

O que acontecia nesses momentos íntimos entre Jeremias e Deus? Sabemos que o profeta encontrava-se *com* Deus em segredo, mas o que ele *falava*? A confissão encontrada no capítulo 15 é um claro exemplo. Para alguns de nós essa passagem reserva uma surpresa. Há uma idéia equivocada sobre a oração, a de que ela é um ato de resignação e conforto, a de que a pessoa que está orando desfruta da maior paz do mundo. No entanto, quando olhamos para Jeremias em oração, vemos um homem amedrontado, solitário, ferido e irado. "Tu, ó SENHOR, o sabes; lembra-te de mim, ampara-me e vinga-me dos meus perseguidores" (Jr 15:15a). Jeremias estava muito assustado. Amaldiçoado e perseguido, não havia mais lugar seguro para ele. Os ataques contra sua vida, os sofrimentos físicos e o confinamento a que foi submetido se refletem nessa confissão. Ele fala com Deus sobre o que tem vivenciado. Fica claro que o profeta não aceita ou aprecia aquelas tristes experiências. É como se ele dissesse a Deus: "Você me colocou nisto, agora me tire desta confusão".

Ele prossegue contrastando seu próprio sentimento de urgência com a deliberada paciência de Deus: "Não me deixes ser arrebatado, por causa da tua longanimidade; sabes que por amor de ti tenho sofrido afrontas" (Jr 15:15b). John Bright traduz esse texto com mais clareza: "Por tua paciência estou sendo destruído! Considera! Por tua causa estou sofrendo abusos". Em outras palavras: "Não sejas tão indulgente com meus perseguidores, dando-lhes tempo para me destruir".[4] Há um tom de desespero nessa frase. Jeremias luta para conciliar o ritmo compassado e lento da ação de Deus com o pânico que sente ao ver que o tempo é seu adversário. Os moinhos da ação divina giram morosamente, enquanto os motores da perseguição operam de forma frenética. Nosso tempo compulsivo colide frontalmente com o tempo da providência divina. Queremos ditar-lhe não somente o que fazer, mas quando fazer. Nós o levamos a sério — se não, por que oraríamos a ele? — mas o problema é que nós nos levamos ainda mais a sério, dizendo-lhe exatamente o que deve fazer e quando.

SOLIDÃO

A seguir Jeremias revela em oração toda a solidão que sentia:

> Achadas as tuas palavras, logo as comi; as tuas palavras me foram gozo e alegria para o coração, pois pelo teu nome sou chamado, ó SENHOR, Deus dos Exércitos. Nunca me assentei na roda dos que se alegram, nem me regozijei; oprimido por tua mão, eu me assentei solitário, pois já estou de posse das tuas ameaças.
>
> Jeremias 15:16-17

A princípio, Jeremias recebeu a Palavra de Deus com desmedido entusiasmo. O texto acima deve ser uma referência à descoberta do rolo no templo contendo o livro de Deuteronômio, o qual Jeremias assimilou, lançando-se, então, à tarefa de pregá-lo como o porta-voz da reforma comandada pelo jovem rei Josias. Era um trabalho maravilhoso, porém solitário. Significava anos de solidão. A maioria das pessoas trilhava seu próprio caminho, enquanto Jeremias seguia em sua solitária jornada de reflexão, de descoberta do significado da Palavra de Deus, de pregação da verdade viva. Jeremias era incapaz de afirmar qualquer coisa apenas porque alguém havia dito que aquilo era verdade. Ele primeiro vivia a verdade e

[4] *Jeremiah*, p. 110.

só depois a pregava. Havia prazer naquela maneira de viver. Ele se entregou sem reservas a esse modo de vida, considerando a Palavra de Deus acima de qualquer palavra humana. Porém, tendo-se lançado nessa caminhada, Jeremias descobriu que ninguém o acompanhava. Ele andava completamente só. O que faria, então? Deveria voltar à vida tranqüila até que os outros decidissem segui-lo? Ele sabia que não podia retroceder. Já tinha se comprometido. Uma vez tendo provado o gosto singular da Palavra de Deus, não podia retornar à insípida dieta de opiniões e boatos. Era uma jornada solitária e sem volta.

SOFRIMENTO

Jeremias prossegue em oração, manifestando todo o seu sofrimento: "Porque dura a minha dor continuamente, e a minha ferida me dói e não admite cura?" (Jr 15:18a). O pecado do povo, a crueldade dos perversos, a leviana indiferença das multidões — todas estas coisas eram uma profunda chaga em Jeremias. Ele sofria porque se importava. Ele recebeu a missão de falar em nome de Deus, de anunciar o eterno amor do Pai para aquelas pessoas inconstantes. Agora sentia em seu próprio ser toda a dor e o sofrimento de um amor não correspondido. Ao identificar-se tão plenamente com a mensagem divina para o povo, Jeremias também sentia a rejeição em cada osso e músculo de seu corpo. As blasfêmias o feriam; as rebeliões provocavam-lhe hematomas, os loucos rituais eram como sal em suas feridas abertas. E não havia meios de cura interior porque era necessário que as pessoas se arrependessem de seus caminhos e passassem a confiar em Deus. Em vão, contudo, o profeta procurava sinais de sincera conversão.

IRA

A oração cresce em intensidade. Agora, deixando de lado o tema de seu sofrimento, Jeremias, em um impulso audacioso, expressa toda a sua ira: "Serias tu para mim como ilusório ribeiro, como águas que enganam?" (Jr 15:18b).

Ele se dirige a Deus para censurá-lo. Uma vez que Jeremias já havia pregado que Deus era "o manancial de águas vivas" (Jr 2:13), agora o acusa de ser "um ribeiro ilusório", como um desses pequenos veios d'água que, a distância, parecem existir no deserto, mas quando se chega mais próximo de suas margens, descobre-se que o leito está seco. A água só corre naqueles leitos durante as chuvas e não se pode contar com ela. O que Jeremias, com efeito, está dizendo é: "Deus, você me enganou. Você não cumpriu suas promessas".

Jeremias não mostrava inibição em suas orações. Ele levantou uma acusação até mais ousada mais tarde, quando sua ira se intensificou: "Persuadiste-me, ó SENHOR, e persuadido fiquei; mais forte foste do que eu e prevaleceste" (Jr 20:7). Uma paráfrase rude, porém literal seria: "Primeiro você me seduziu, depois me violentou". Você me atraiu com palavras sedutoras, então me tomou à força e submeteu-me às suas vontades".[5] Nossa ira pode dar a medida de nossa fé. Os crentes discutem diretamente com Deus, os céticos discutem entre si.

Assim era Jeremias em oração: amedrontado, solitário, ferido, irado. Você está surpreso? O notável Jeremias orando dessa forma? Todos nós passamos por emoções semelhantes. Ninguém escapa delas. Porém, será que somos capazes de expor esses sentimentos em oração? Jeremias o fez. Tudo o que o profeta viveu e pensou ele pôs diante do Deus vivo, sábio e redentor. E no momento em que esses sentimentos são colocados diante de Deus em oração, algo começa a acontecer.

ARREPENDIMENTO

Jeremias pára de falar, mas a oração prossegue porque ela não termina quando interrompemos a fala. Durante a oração, Deus não é mero ouvinte, mas um privilegiado interlocutor. Jeremias expressou-se com honestidade, agora ele ouvia com expectativa: "Portanto, assim diz o SENHOR: Se tu te arrependeres, eu te farei voltar e estarás diante de mim" (Jr 15:19a).

Arrependimento/Retorno. Essas são palavras-chave na pregação de Jeremias. Agora a mensagem que ele anunciava ao povo era dirigida a ele próprio. Será que a manifestação de seu sofrimento estava carregada de autopiedade? Deus respondeu: "Eu compreendo toda a sua dor, solidão, sofrimento e ira, mas não serei complacente com você por causa disso. Não se apegue a essas coisas. Abandone-as e arrependa-se. Se você abandonar esse modo de falar, então eu o res-

[5] John A. THOMPSON. *The Book of Jeremiah*. Grand Rapids: Eerdmans, 1980, p. 459.

taurarei, farei você voltar ao ofício profético". Ao longo dessa passagem há um jogo de palavras entre os termos *arrependimento/retorno*.[6]

Na oração, a parte que cabia *a Jeremias* era ser honesto e autêntico, pois era com Deus que tinha de lidar. A primeira exigência em um relacionamento pessoal é que sejamos nós mesmos. Deve haver transparência e total ausência de máscaras. Abandono completo do fingimento. A oração de Jeremias não era beata, mansa ou equilibrada. Ele falava do que estava sentindo em seu íntimo, ou seja, medo, solidão, sofrimento e ira. Na oração, a parte que cabe *a Deus* é restaurar e salvar. Diante de Deus, por intermédio da oração, não permanecemos os mesmos. O pavor, a solidão, a dor e as queixas se acham em nós, mas não permanecem em nós. Porém, parte do que Jeremias estava fazendo era sentir pena de si mesmo enquanto estava de joelhos. Deus sente nossas dores, mas não é indulgente com nossa autopiedade. Por isso, ele foi tão severo quanto o próprio profeta tinha sido com o povo: "Arrependa-se. Desvie-se desses sentimentos, pois são destrutivos. Então eu o restaurarei, o colocarei em pé, pronto para servir novamente em minha presença".

RESTABELECENDO PRIORIDADES

A resposta de Deus prossegue: "Se apartares o precioso do vil, serás a minha boca; e eles se tornarão a ti, mas tu não passarás para o lado deles" (Jr 15:19b). Compreensivelmente, Jeremias se sentia desencorajado porque suas palavras não foram suficientes para mudar o comportamento do povo. Sua pregação tinha sido vã. Tudo o que havia conseguido com seus esforços era perseguição e rejeição. Deveria ele mudar o tom de sua pregação e começar a repetir o lixo que as pessoas gostavam de ouvir? Deus então reforçou sua determinação. Persevere em sua vocação: você será como minha boca. "Que *eles* mudem para seu lado, não você para o lado deles." Jeremias estava preocupado com o que as pessoas estavam dizendo a seu respeito. Ele não deveria se importar com isso, mas sim com *Deus*.

As prioridades são restabelecidas por intermédio da oração. O fato de Deus estar em primeiro ou segundo lugar na vida das pessoas faz toda a diferença neste

[6] Idem, p. 398.

mundo. Quem está em primeiro lugar aqui? Deus ou o povo? Se Deus é quem tem a primazia, as queixas expressam apenas o que está envolvido em um trabalho difícil. O trabalho vale ou não a pena. A questão central é o que realmente desejo fazer com minha vida. Amar e bajular os outros; agradar os outros ou a Deus?

A definição de prioridades não é um ato final. Tem de ser repetido com freqüência. O equilíbrio e as circunstâncias mudam. O ânimo se altera. Afinal, é Deus quem está acima de todas as coisas ou não? A oração é o meio pelo qual as prioridades são definidas novamente.

RENOVAÇÃO

Jeremias continuou a escutar e ouviu estas palavras: "Eu te porei contra este povo como forte muro de bronze; eles pelejarão contra ti, mas não prevalecerão contra ti; porque eu sou contigo para te salvar, para te livrar deles, diz o SENHOR. Arrebatar-te-ei das mãos dos iníquos, livrar-te-ei das garras dos violentos" (Jr 15:20-21).

Jeremias já havia ouvido essas palavras antes, em sua juventude (Jr 1:18-19). Tudo o que Deus disse Ele continuava afirmando. A promessa estava em plena vigência.

Não basta apenas lembrar, precisamos *ouvir* novamente. A oração é o ato ao longo do qual ouvimos de novo. Encher nossa memória de versículos não é suficiente. Necessitamos de um encontro diário com a ressonante voz de Deus. Esse encontro ocorre por intermédio da oração. As situações mudam, mas será que Deus muda? Nós oramos e escutamos. Deus repete sua palavra — a mesma palavra — e nos restaura, renovando-nos em nosso compromisso.

Três verbos, de certa forma sinônimos, concluem a promessa de Deus para o profeta: *salvar, livrar* e *arrebatar*. "O quadro completo da libertação possui muitos lados e cada um dos verbos fornece uma ênfase diferente."[7] A viva conexão entre o chamado divino e o compromisso do profeta foi reafirmada. O relacionamento pessoal e a união decorrente da aliança estão sujeitos a milhares de fatores

[7] Idem.

conflitantes e, conseqüentemente, são alvo de questionamento constante. O que Walter Lippmann denominou de "ácidos da modernidade" corroem os elementos de ligação entre nossa vida e os propósitos de Deus.[8] A vida é dinâmica. Ela está em constante mudança e crescimento. Sofre ataques e é desafiada pelo mundo. De forma diferente, a Palavra de Deus e meu chamado jamais mudam, mas o relacionamento que daí decorre está sob ataque constante e deve ser renovado com freqüência. A determinação é fundamental, mas não é suficiente. Por intermédio da oração, Deus nos renova e restaura. O objetivo maior dela não é aumentar nosso conhecimento, ensinando-nos algo novo, mas Deus confirmar, mais uma vez, a fé para a qual fomos chamados.

DISPUTANDO A CORRIDA

A maratona é uma das mais duras e extenuantes provas esportivas. A maratona da cidade de Boston costuma atrair os melhores maratonistas do planeta. O vencedor é imediatamente alçado à condição de um dos melhores atletas da atualidade. Na primavera de 1980, Rosie Ruiz foi a primeira mulher a cruzar a linha de chegada. Ela recebeu a coroa de louros em meio a centenas de aplausos e cumprimentos.

Ela era totalmente desconhecida no mundo das competições. Uma proeza incrível! Em sua primeira prova ela venceu a prestigiada Maratona de Boston! De repente, alguém reparou em suas pernas — pele flácida e celulite! Dúvidas foram levantadas. Ninguém a havia visto ao longo de todo o percurso de 42 quilômetros. Então, a verdade veio à tona: ela se juntou aos competidores somente nos últimos 1.600 metros da prova!

Houve um imediato e amplo interesse na pessoa de Rosie. Por que ela teria feito aquilo se era certo que seria descoberta? O desempenho atlético não pode ser fraudado. Porém, ela nunca admitiu a trapaça. Continuamente afirmou que ia disputar outra maratona para comprovar sua capacidade. No entanto, ela nunca mais disputou outra prova. Os jornalistas a entrevistaram procurando descobrir sua verdadeira personalidade. Um dos entrevistadores concluiu que Rosie

[8] *A Preface to Morals*. New York: MacMillan, 1929, p. 56.

realmente acreditava ter participado de toda a Maratona de Boston e vencido. Ela foi considerada uma sociopata, pois havia mentido convincente e naturalmente, sem ter a mínima consciência disso, sem o menor senso de certo e errado, do que é um comportamento aceitável ou inaceitável. Ela parecia uma pessoa normal e inteligente. No entanto, não havia nenhum senso moral que fosse coerente com suas atitudes sociais.

Ao ler sobre essa mulher pensei em todas as pessoas de meu círculo de conhecimento que desejam cruzar a linha de chegada sem ter de participar de toda a prova. Elas querem encontrar uma maneira inteligente de conseguir isso. Essas pessoas comparecem à igreja todos os domingos com um sorriso perfeito no rosto. Participam do culto, mas não têm uma vida pessoal que as leve a isso. Ocasionalmente, fazem demonstrações espetaculares de amor e compaixão. Mais do que impressionados, ficamos surpresos porque elas nunca tinham feito aquilo antes. Bem, nunca se sabe. O melhor a fazer é dar-lhes o benefício da dúvida. Então, descobre-se que tudo foi um truque: nenhum envolvimento maior precede ou vem depois daquele ato. Essas pessoas são razoáveis e convincentes. Porém, no fim verifica-se que não participaram de toda a prova, não tiveram sua fé provada nos períodos difíceis, não se curvaram em oração nas horas solitárias, sofridas e doloridas. Elas não possuem consciência do que é *real* na religião. Tal como Rosie, o rótulo mais adequado para elas seria *religiopata*.

Ninguém se torna um ser humano de qualidade como Jeremias, simplesmente adotando uma postura de vencedor. Foram suas orações, em segredo porém constantes, que o levaram a desenvolver a maturidade e a sensibilidade espiritual que tanto almejamos. O que fazemos em segredo determina o grau de sanidade que demonstramos em público. A oração é o ato confidencial que desenvolve uma vida que é, ao mesmo tempo, autêntica e profundamente humana.

9 A AVENTURA DE UMA VIDA PROFÉTICA

Durante vinte e três anos, desde o décimo terceiro de Josias, filho de Amom, rei de Judá, até hoje, tem vindo a mim a palavra do SENHOR, e, começando de madrugada, eu vo-la tenho anunciado; mas vós não escutastes. Também, começando de madrugada, vos enviou o SENHOR todos os seus servos, os profetas, mas vós não os escutastes, nem inclinastes os ouvidos para ouvir, quando diziam: Convertei-vos agora, cada um do seu mau caminho e da maldade das suas ações, e habitai na terra que o SENHOR vos deu e a vossos pais, desde os tempos antigos e para sempre.

JEREMIAS 25:3-5

Alpinistas experientes procuram manter um ritmo de subida leve e regular, com passadas curtas. Observando de longe, essa passada parece insignificante, mas eles a mantêm inalterada durante a escalada. Ao contrário, a tendência dos inexperientes é imprimir um ritmo forte, com passadas largas e rápidas, mas logo são obrigados a interromper a escalada, completamente exaustos. Os mais experientes, quando as condições climáticas tornam-se desfavoráveis, param a subida, abrigando-se em uma pequena cabana que levam consigo, e aguardam pacientemente que o clima melhore para só então reiniciar a marcha. [...] Você quer crescer em virtude, para melhor servir a Deus, para amar a Cristo? Bem, você crescerá nessas áreas alcançando seus objetivos se enxergar esse crescimento como a escalada de uma montanha, cujo ritmo deve ser lento e calmo, sabendo que você será obrigado a acampar por semanas ou meses em completa desolação espiritual, em sombria solidão e vazio, nos diferentes estágios de sua marcha e seu avanço. Todos exigem uma luz constante, a melhor possível para sua necessidade; todos procuram eliminar ou, pelo menos, minimizar a cruz e a provação. Tal atitude é insensata e infantil.

BARON FRIEDRICH VON HÜGEL[1]

[1] Bernard HOLLAND (ed.). *Selected Letters 1896-1924*. New York: E. P. Dutton, 1933, p. 305, 266.

Mark Twain afirmou que a diferença entre a palavra certa e a quase certa é a mesma existente entre o clarão de um relâmpago e a luz de um vaga-lume. Uma simples palavra, desde que seja a correta, pode imediatamente iluminar e encher todos de entusiasmo. No capítulo 25 do livro de Jeremias há uma dessas palavras, pronunciada na metade de sua carreira profética: persistentemente, *hashkem*.

Há uma figura por trás dessa palavra. *Shechem* significa ombro. No centro da Palestina há duas enormes montanhas com o formato de ombros. Seus nomes são Ebal e Gerizim. A cidade que se desenvolveu entre essas duas imensas formações foi chamada de *Shechem*. Quando os israelitas entraram na Terra Prometida pela primeira vez, depois de vagarem por quarenta anos no deserto, Josué os levou para Shechem, alinhou-os sobre o topo das duas montanhas, metade do povo em uma e metade em outra, e relembrou a Palavra de Deus que os havia conduzido até aquela terra. Em um dos montes as bênçãos que resultariam de uma vida de verdadeiro culto foram evocadas. No outro, as maldições que afligiriam a vida de rebelião e egocentrismo foram mencionadas. *Shechem* — o centro onde a Palavra de Deus foi proclamada e ouvida.

Então, como é comum acontecer com as palavras, outro significado se desenvolveu. Naqueles dias, ao sair em viagem, colocavam-se os suprimentos necessários para a jornada sobre o lombo de animais como o jumento ou então o viajante colocava a carga em seus próprios ombros e partia. Assim, o substantivo *ombro* resultou em um verbo que significa "carregar o lombo de animais para um dia de viagem".[2] Em um país de clima quente como Israel, era muito importante que o viajante percorresse o máximo de distância antes que o sol estivesse a pino e tor-

[2] BROWN, DRIVER, BRIGGS. *Hebrew and English Lexicon of the Old Testament*. Oxford: Clarendon Press, 1957, p. 1014.

nasse a caminhada difícil demais. Assim, as viagens eram iniciadas muito antes do nascer do sol. Por isso, com o passar do tempo a palavra passou a descrever o ato de levantar muito antes da alvorada e iniciar uma caminhada levando pesadas cargas.[3] Isso era necessário para que pudessem ter o máximo de horas possível para realizarem tudo o que haviam planejado fazer.

Esse é o sentido da palavra mencionada aqui, no centro do livro de Jeremias — o imutável pivô de sua vida e de seu livro. "Durante vinte e três anos [...] tem vindo a mim a palavra do SENHOR, e, começando de madrugada, eu vo-la tenho anunciado; mas vós não escutastes". Por vinte e três anos Jeremias levantava-se de madrugada e ouvia o que Deus lhe dizia. Durante todos esses anos, levantando-se da cama bem cedo, ele transmitia as palavras do Senhor ao povo. Por vinte e três anos o povo, indolente e preguiçoso, nada ouviu.

Essa palavra não está presente somente no centro do livro e da vida de Jeremias, mas também se estende ao longo de todo o seu ministério. Há onze ocorrências:

7:13	Agora, pois, visto que fazeis todas estas obras, diz o SENHOR, e eu vos falei, *começando de madrugada*, e não me ouvistes, chamei-vos, e não me respondestes.
7:25-26	Desde o dia em que vossos pais saíram da terra do Egito até hoje, enviei-vos todos os meus servos, os profetas, todos os dias; *começando de madrugada*, eu os enviei. Mas não me destes ouvidos, nem me atendestes; endurecestes a cerviz e fizestes pior do que vossos pais.
11:7-8	Porque, deveras, adverti a vossos pais, no dia em que os tirei da terra do Egito, até ao dia de hoje, *testemunhando desde cedo*, cada dia, dizendo: dai ouvidos à minha voz. Mas não atenderam, nem inclinaram os seus ouvidos [...]
25:3	Durante vinte e três anos, desde o décimo terceiro de Josias, filho Amom, rei de Judá, até hoje, tem vindo a mim a palavra do SENHOR, e, *começando de madrugada*, eu vo-la tenho anunciado; mas vós não escutastes.
25:4	Também, *começando de madrugada*, vos enviou o SENHOR todos os seus servos, os profetas, mas vós não os escutastes, nem inclinastes os vossos ouvidos para ouvir [...]
26:5	para que ouvísseis as palavras dos meus servos, os profetas, que, *começando de madrugada*, vos envio, posto que até aqui não me ouvistes [...]

[3] Idem.

29.19	porque não deram ouvidos às minhas palavras, diz o SENHOR, com as quais, *começando de madrugada*, lhes enviei os meus servos, os profetas; mas vós não os escutastes, diz o SENHOR.
32:33	Viraram-me as costas e não o rosto; ainda que eu, *começando de madrugada*, os ensinava, eles não deram ouvidos, para receberem a advertência.
35:14	[...] a mim, porém, que, *começando de madrugada*, vos tenho falado, não me obedecestes.
35:15	*Começando de madrugada*, vos tenho enviado todos os meus servos, dizendo: Convertei-vos agora, cada um do seu mau caminho, fazei boas as vossas ações [...]
44:4	Todavia, *começando eu de madrugada*, lhes enviei os meus servos, os profetas, para lhes dizer: Não façais esta cousa abominável que aborreço.

Acaso isso tudo não soa como tarefa árdua e sem sentido? Não há nenhuma dúvida quanto à dificuldade desse trabalho. Temos conhecimento da enorme afronta sofrida por Jeremias ao longo de todos aqueles anos. Ele foi vítima constante de zombaria, rejeição e encarceramento. Enfrentou períodos de derrotismo, momentos de desespero e pensamentos de desistência. Que diferença fazia na sociedade daquela época toda a sua batalha e sofrimento pessoal? Por que não se amoldar à mediocridade vigente?

Numa daquelas ocasiões, o profeta foi confrontado por Deus: "Se te fatigas correndo com homens que vão a pé, como poderás competir com os que vão a cavalo? (Jr 12:5). O que você deseja, Jeremias? Uma vida tranqüila e calma? Passear aos domingos com aquelas pessoas orgulhosas e tolas que vivem como parasitas? Ou você vai competir contra cavalos? Esse confronto divino estimulou Jeremias a sair de seu desespero: "Eu quero correr contra cavalos". Na manhã seguinte, mais uma vez ele estava em pé antes do nascer do sol, mostrando persistência e inquietação.

UM CORAÇÃO PRONTO

A palavra *hashkem*, começando de madrugada, envolve o amanhecer. Jeremias colocava-se em pé antes do sol nascer a fim de realizar seu trabalho. Havia disposição e vontade em seu coração. A luz da alvorada começava a brilhar antecipadamente em seu interior. A cada dia havia a expectativa de ouvir a Palavra de

Deus e, então, transmiti-la ao povo. Certamente Jeremias conhecia o salmo 108 e seria plenamente característico dele fazer desse salmo sua oração matinal: "Firme está o meu coração, ó Deus! Cantarei e entoarei louvores de toda a minha alma. Despertai, saltério e harpa! Quero acordar a alva" (Sl 108:1-2).

Jeremias não decidiu suportar vinte e três anos de ministério sem assumir os fardos desse encargo. Ele se levantava a cada manhã com o sol. O dia era do Senhor e não do povo. Ele não se levantava para enfrentar a rejeição das pessoas, mas para estar diante da face de Deus. Ele não se colocava em pé para resistir a mais um dia de zombarias e escárnios, mas para estar na presença de Deus. Esse era o segredo de sua perseverante peregrinação — não pensar com temor antecipado sobre a longa e penosa estrada à frente, mas dar boas-vindas ao presente momento, cada um deles, com gozo obediente, com esperança renovada: "Firme está o meu coração, ó Deus!".

Todos nós conhecemos pessoas que passam a vida inteira no mesmo emprego e função e que são, inevitavelmente, desvalorizadas ao longo do tempo. Elas são persistentes na realização das mesmas coisas por longos anos, mas nós não as admiramos por isso. Antes, sentimos tristeza por estarem escravizadas a trabalhos tão monótonos e não apresentarem o mínimo desejo ou criatividade para mudar as coisas.

No entanto, não sentimos pena ou tristeza diante de Jeremias. Ele não estava aprisionado a uma rotina, mas empenhado no cumprimento de um propósito. O único sentimento que Jeremias não mostrava era enfado. Tudo o que sabemos a seu respeito nos fornece evidências de que, após vinte e três anos, sua imaginação estava ainda mais viva e seu espírito muito mais forte e resistente do que em sua juventude. Aquele período não foi em vão. Cada dia era um novo episódio na aventura de viver uma vida profética. Aqueles dias resultaram em uma vida de inacreditável tenacidade e de incrível resistência.

Certa vez, perguntaram a Joel Henderson como ele havia conseguido escrever tantos livros. Ele respondeu que, na realidade, não escrevia um livro, mas sim uma página por dia. Com energia limitada e pouca imaginação, uma página por dia era tudo o que podia escrever. Porém, ao fim de um ano ele tinha em mãos um livro de 365 páginas.

A fidelidade persistente de Jeremias contrasta com a irregular e impulsiva natureza das pessoas com as quais ele convivia. Elas eram cheias de projetos e de indizível entusiasmo, mas isso não produzia nada de concreto. As pessoas eram como o personagem de uma história de John Fowles: "[...] ele queria conquistar o Everest em um dia; se demorasse dois, perdia o interesse".[4]

O profeta esforçava-se ao máximo para mostrar às pessoas o vazio miserável de suas vidas. Em uma ousada e sexualmente explícita metáfora, ele capta a atenção das pessoas e, então, dramatiza a futilidade da existência delas:

> Vê o teu rasto no vale, reconhece o que fizeste, dromedária nova de ligeiros pés, que andas ziguezagueando pelo caminho; jumenta selvagem, acostumada ao deserto e que, no ardor do cio, sorve o vento. Quem a impediria de satisfazer ao seu desejo? Os que a procuram não têm de fatigar-se; no mês dela a acharão
>
> Jeremias 2:23-24

É uma maneira forte de falar. Suba ao monte e observe no vale abaixo uma jovem fêmea buscando um companheiro para acasalar, indo para cima e para baixo, para trás e para frente. O registro dessa busca incansável está nas pegadas deixadas na areia. Toda aquela frenética e intensa atividade não resulta em nenhum avanço concreto. Ou ainda, olhe para uma jumenta selvagem que está no cio no deserto, cheirando os aromas trazidos pelo vento a fim de encontrar o odor de um companheiro, não importa quem seja, apenas com o objetivo de satisfazer seu desejo.

É com *isso* que você se parece, afirma Jeremias. Um ser dominado pelo apetite e pelo impulso, mostrando uma vida vazia de qualquer compromisso, propósito ou perseverança. Pessoas frenéticas e ocupadas correndo de um lado para outro, para onde há qualquer possibilidade de satisfação de desejos. Entretanto, vocês não são camelos e jumentos no período de acasalamento, mas sim pessoas capazes de serem fiéis. Não seria hora de começar a viver assim?

Israel apresenta uma longa história de infidelidade. Qualquer promessa atraente fazia com que o povo desviasse os olhos de Deus. Cada novo modismo era adotado e praticado com imediato entusiasmo. Por séculos teve um amante após outro.

[4] *The Ebony Tower.* Boston: Little, Brown & Co., 1974, p. 147.

Em outro sermão Jeremias usou uma ilustração diferente a fim de obter o mesmo efeito: "Que mudar leviano é esse dos teus caminhos? Também do Egito serás envergonhada, como foste envergonhada da Assíria" (Jr 2:36). Aqui o profeta coloca um espelho na frente do povo e as pessoas vêem o reflexo de uma adolescente inconstante tomada de imensa paixão pelo novo garoto que se mudou recentemente para sua rua. Tudo em que ela pensa é encontrar maneiras de vê-lo, de atrair sua atenção, de ser notada por ele. Quando ela é rejeitada por esse garoto, parte em busca de outro rapaz da vizinhança e assim sucessivamente. Incansável, a garota passa de um namorado para outro, sem qualquer cuidado, querendo apenas impressionar. Claro que os garotos só estão interessados em usá-la. Na verdade, eles se merecem.

A mensagem é bem clara. Primeiramente houve uma atração pela Assíria que resultou em prejuízo completo. Agora há o mesmo sentimento em relação ao Egito que, certamente, terá o mesmo fim. Se um dia Israel amadurecer, olhará para trás com vergonha e embaraço. Enquanto isso não ocorre, Deus mantém-se fiel. E pensar que um dia Israel afirmou que o amava! Porém, deram vazão às suas tolas fantasias, sem qualquer fundamento na realidade. A Assíria nunca se importou com Israel e o mesmo acontece com o Egito. Entretanto, *Deus* se importa e não permitirá que o povo que ele ama e criou para sua glória continue vivendo em tal estultícia e vazio.

RENOVAÇÃO A CADA MANHÃ

Onde Jeremias aprendeu a ser tão persistente? Como ele incluiu essa palavra em seu vocabulário e em sua vida? Com certeza não foi observando as pessoas à sua volta. Ele a aprendeu do próprio Deus.

O profeta aprendeu a persistir nas coisas de Deus porque Deus foi persistente com ele. Os cinco poemas encontrados no livro das Lamentações (atribuídos a Jeremias pela tradição judaica) revelam o sofrimento que o povo de Deus experimentou durante e após a queda de Jerusalém, o desastre mais devastador na história daquele povo. Em meio a esse período sombrio e quase na metade daqueles cinco poemas que falam do pecado e do sofrimento, encontramos os seguintes versículos: "As misericórdias do SENHOR são a causa de não sermos consumidos, porque as suas misericórdias não têm fim; renovam-se cada manhã. Grande é a tua fidelidade" (Lm 3:22-23).

Eis aqui: "renovam-se cada manhã. Grande é a tua fidelidade". A persistência de Deus não é a obstinada repetição de um dever. Tem tudo de novo e criativo, assim como a certeza e a regularidade de um novo dia. Amanhecer — o momento em que o espontâneo e o certo chegam ao mesmo tempo.

Alguém já enjoou da aurora? Todas as noites somos "dissolvidos na escuridão, assim como seremos um dia transformados em pó; nossos egos, ao que parece, são eliminados do mundo dos viventes e, então, ressurgimos como Lázaro e encontramos todos os nossos membros e sentidos inalterados com a chegada do dia".[5] Jamais nos cansamos disso. O romper da aurora sempre surpreende. Há momentos, é claro, em que não notamos esse fato. Porém, quando isso acontece, instintivamente reconhecemos que foi devido a nossa própria deficiência, proveniente de uma doença ou depressão. Se as repetições da natureza jamais são enfadonhas, que dizer das repetições de Deus?

Essa era a fonte da persistência no viver de Jeremias, de sua constância criativa. Ele se levantava antes do nascer do sol para ouvir a Palavra de Deus. Ao sair da cama tão cedo, ele se punha em silêncio e atento diante de Deus. Muito antes dos insultos, dos escárnios e das queixas começarem, havia esse tempo com Deus de concentração, descoberta e exploração.

Jeremias escreveu: [...] eu vo-la tenho anunciado; mas vós não escutastes [...] nem inclinastes os ouvidos para ouvir" (Jr 25:3-4). Aqui está a explicação para nossos padrões irregulares de vida, para nossa inconstância, para nossa infidelidade, para nossa estúpida incapacidade de distinguir entre o modismo e a verdadeira fé: nós não nos levantamos cedo e ouvimos o que Deus tem a nos dizer. Não reservamos diariamente um tempo longe da multidão, um período de silêncio e solidão, a fim de nos preparar para a jornada daquele dia. Garry Wills afirmou: "Um homem exemplar deve dar um formato à sua vida, fazer um planejamento que lhe permita refletir, estudar e criar".[6]

Jeremias tinha uma prioridade bem definida: ele persistentemente se levantava cedo, ouvia Deus e saía para falar e agir de conformidade com o que havia ouvido. Isso não era devido ao fato de Jeremias não ter outras opções ou porque o

[5] G. K. Chesterton. Em Ward, *Gilbert Keith Chesterton*, p. 397.
[6] "Hurrah for Politicians". *Harper's Magazine*, setembro de 1975, p. 53.

profeta não conseguia pensar em algo mais para fazer. Era porque ele escolhera o que Jesus denominou de "a única coisa necessária" (Lc 10:42), ao ouvir atenta e confiadamente a Deus.

A marca de certos tipos de caráter é a capacidade de incansavelmente voltar à mesma tarefa com criatividade e interesse, ao longo de toda a vida. Nunca desistir ou se dedicar a outras coisas, jamais desviar a atenção ou ser atraído por algo diferente. Agostinho escreveu quinze comentários sobre o livro de Gênesis. Ele começou com as origens, porém jamais se contentou com o que realizara. Ele nunca acreditou que havia explorado profundamente o primeiro livro da Bíblia, que havia chegado às verdadeiras origens da vida, aos primeiros princípios dos caminhos de Deus. Continuamente, ele voltava a considerar aquelas questões iniciais. Beethoven compôs dezesseis quartetos de cordas porque nunca estava satisfeito com o que havia composto antes. O estilo de quarteto o intrigava e desafiava. A perfeição era sua meta. Assim, ele voltava às suas composições repetidas vezes com esse objetivo. Achamos que ele os compunha muito bem, mas ele não pensava assim. Por isso, persistia com disposição nova e criativa a cada tentativa. A mesma coisa muitas vezes, porém nunca o mesmo resultado, pois cada nova tentativa era marcada por notável criatividade.

E quanto a Jeremias: "Durante vinte e três anos [...] tem vindo a mim a palavra do SENHOR, e, *começando de madrugada*, eu vo-la tenho anunciado". Há somente uma coisa necessária. E há somente o dia de hoje para vivê-la. Comece hoje e repita amanhã, e depois de amanhã, *persistentemente*. Não de forma insensata, mas com todo o entusiasmo de uma nova experiência.

10 PALAVRAS QUE LIGAM O CÉU E A TERRA

No quarto ano de Jeoaquim, filho de Josias, rei de Judá, veio esta palavra do SENHOR a Jeremias, dizendo: Toma um rolo, um livro, e escreve nele todas as palavras que te falei contra Israel, contra Judá e contra todas as nações, desde o dia em que te falei, desde os dias de Josias até hoje. Talvez ouçam os da casa de Judá todo o mal que eu intento fazer-lhes e venham a converter-se cada um do seu mau caminho, e eu lhes perdoe a iniqüidade e o pecado. Então, Jeremias chamou a Baruque, filho de Nerias; escreveu Baruque no rolo, segundo o que ditou Jeremias, todas as palavras que a este o SENHOR havia revelado.

JEREMIAS 36:1-4

Algumas pessoas podem perguntar: Por que a luz de Deus foi oferecida em forma de linguagem? Como é concebível que o divino esteja contido em vasos tão frágeis como consoantes e vogais? Essa pergunta revela o pecado de nossa era: tratar de forma superficial o meio que transporta as ondas de luz do espírito. O que mais no mundo é capaz de unir os homens através das distâncias do tempo e do espaço? De todas as coisas terrestres, as palavras são as que nunca morrem. Há tão pouca matéria nelas, porém tanto significado [...] Deus tomou palavras hebraicas e soprou nelas seu poder, e elas se tornaram um vínculo vivo, carregado com o Espírito divino. A partir desse dia, as palavras se tornaram ligações entre o céu e a terra. Que outro meio poderia ser empregado para conduzir o divino? Figuras esmaltadas na Lua? Estátuas esculpidas nas montanhas?

ABRAHAM HESCHEL[1]

[1] *God in Search of Man.* New York: Farrar, Straus and Giroux, 1955, p. 244.

Em uma carta, Franz Kafka escreveu: "Se o livro que estamos lendo não nos sacudir como se um martelo nos golpeasse o crânio, então por que devemos lê-lo? [...] Um livro deve ser como um martelo que rompa a espessa camada de gelo".[2] Houve dois livros com essas características na vida de Jeremias: o que ele leu e o que escreveu.

O "MARTELO" DE DEUTERONÔMIO

O livro que o profeta leu foi Deuteronômio. Descoberto durante os trabalhos de restauração do templo, esse livro foi o manual que Josias seguiu para empreender sua reforma. Jeremias cresceu ao lado desse livro, meditou sobre suas palavras e absorveu a mensagem nele contida. Ele não o leu como um sábio ou estudioso, analisando e interpretando (embora seja improvável que reprovasse tais atividades), tampouco o leu como um reformador, pesquisando os princípios que poderiam ser aplicados à sociedade para torná-la íntegra (apesar de ter participado de tal pesquisa e aplicação). Jeremias sorveu as palavras desse livro como uma pessoa designada pessoalmente por Deus. Tudo o que esse profeta pregou e mais tarde escreveu mostra a influência de suas fontes de leitura. George Adam Smith escreveu: "Jeremias ouviu no coração do livro de Deuteronômio o chamado de Deus e entregou-se incondicionalmente a ele".[3]

Três elementos desempenharam papel de destaque em sua leitura. Ao ler Deuteronômio, Jeremias adquiriu uma memória, pois esse livro recapitula na totalidade o significado de pertencer ao povo de Deus. Escrito na forma de um discurso proferido por Moisés na fronteira entre o deserto e a Terra Prometida, ele recorda a experiência da libertação do Egito, da preservação no deserto e

[2] Citado por George Steiner. *Language and Silence*. Nova York: Atheneum, 1970, p. 67.
[3] *Jeremiah*. Londres: Hodder and Stoughton, 1923, p. 146.

do recebimento da promessa de uma vida cheia de bênçãos. O livro relembra também as dispersas e quase esquecidas experiências do passado, reintegrando-as ao presente. A vida é mais do que os registros diários de indivíduos atormentados: há um conjunto, cada detalhe faz parte do plano. A vida diária em constante fuga de sua origem é levada de volta à sua fonte nesse ato de recordação.

Mediante a leitura desse livro Jeremias adquiriu também uma base teológica. Ele aprendeu a pensar em Deus de forma relacional, abrangente e regular. O livro de Deuteronômio apresenta Deus em um relacionamento de amor leal e comprometido com seu povo. Ele não é apenas um pensamento fugidio. A existência de Deus não se restringe ao preenchimento das lacunas que fogem à compreensão humana. Ele está em ativo e constante relacionamento de amor com as pessoas. *Amor* é a palavra-chave que caracteriza esse livro.[4] Nele se encontram tanto o caráter quanto a autoridade de Deus. O fato de estarmos debaixo do controle de um Deus com essas características faz com que não valha a pena viver sem participar desse amor.

Com a leitura de Deuteronômio, Jeremias tornou-se responsável em vista da enorme quantidade de mandamentos presentes ali. O mandamento é uma palavra que nos convida a viver além do que compreendemos, sentimos ou desejamos. "O mandamento eleva as pessoas da animalidade para a humanidade".[5] A vida não é mecanicamente determinada. Não somos meramente arrastados por movimentos sociológicos ou presos a padrões econômicos. Todas as pessoas têm escolhas a fazer e elas não são determinadas pelo método "tente outra vez", mas orientadas pelos mandamentos divinos. Essas ordens não se restringem à área da liberdade, mas são delas que se originam as condições de liberdade. A primeira palavra que Deus dirigiu a Adão foi um mandamento (Gn 1:28). Os mandamentos presumem a liberdade e incitam a uma resposta. Ou seja, nossa capacidade de responder é exercitada pelos mandamentos.

[4] Na lista de S. R. Driver de palavras e expressões características do livro de Deuteronômio, a melhor e a mais completa lista já feita, o termo *amor* encabeça a lista. Cf. *A Critical and Exegetical Commentary on Deuteronomy*. Nova York: Charles Scribner's Sons, 1895, p. lxxviii-lxxxiv.

[5] André e Pierre-Emmanuel LACOCQUE. *The Jonah Complex*, p. 113.

O "MARTELO" DE JEREMIAS

O livro lido por Jeremias redundou no livro que ele escreveu. Assim como o livro de Deuteronômio *recapitula* a mensagem pregada por Moisés a um povo que perdeu o contato com o antigo líder, Jeremias também *recapitula* a mensagem de Deuteronômio para um povo que estava à deriva, distante do porto original. Josias, o rei sob quem Jeremias cresceu e que também teve sua vida pautada pelo livro de Deuteronômio, já não estava mais presente. Fora morto na batalha de Megido. O trono agora estava ocupado por seu filho que não dava sinais de ter ouvido falar do livro que orientou a vida do pai. A corrupção e a falta de direção estavam de volta. A reforma alicerçada no livro de Deuteronômio estava em ruínas.

"Não há outra instituição que sofra mais com o tempo do que a religião", escreveu Charles Williams. "No momento em que surge a remota possibilidade de que toda uma geração tenha aprendido algo sobre a teoria e a prática, os mestres e seus ensinos são levados pela morte, e a igreja é confrontada com a necessidade de começar tudo outra vez. Todo o esforço e trabalho de regeneração da humanidade tem de ser reiniciado a cada trinta anos ou pouco mais."[6] No caso em questão, o período foi de dezessete anos.

Jeremias foi instruído: "Toma um rolo, um livro, e escreve nele todas as palavras que te falei contra Israel, contra Judá e contra todas as nações, desde o dia em que te falei, desde os dias de Josias, até hoje. Talvez ouçam os da casa de Judá todo o mal que eu intento fazer-lhes, e venham a converter-se cada um do seu mau caminho, e eu lhes perdoe a iniqüidade e o pecado" (Jr 36:2-3). Deus tem algo a dizer e deseja que conheçamos sua mensagem. Ele não é reticente ou sente prazer em nos deixar na escuridão da ignorância. Antes nos revela o que precisamos saber. E essa revelação é manifesta de forma acessível a nós: *toma um rolo, um livro...* — a palavra está prestes a ser escrita em um material comum, ou seja, um pergaminho ou papiro, o mesmo tipo de material que utilizamos para enviar mensagens de agradecimento ou relacionar os itens de nossa compra mensal. Então, o processo é delineado: *escrever* leva a *escutar*, que por

[6] *The Descent of the Dove*. New York: Meridian Books, 1956, p. 83.

sua vez transforma-se em *mudar* e, depois, em *perdoar*, que é a última etapa do processo.

Surge então outro livro das Escrituras. Esse livro, porém, não é mais um fenômeno estático, algo que podemos manobrar e controlar a nosso bel-prazer. É um turbilhão de energias em constante mutação constituído por aqueles cinco verbos (*tomar*, *escrever*, *escutar*, *mudar* e *perdoar*). Isso torna visíveis e audíveis as palavras de Deus, chamando a vida humana à responsabilidade. Abraham Heschel, um homem notável por seu conhecimento e vida de oração, queixou-se de que algumas pessoas elogiavam a Bíblia como literatura, como se isso fosse o maior louvor que pudessem manifestar, "como se 'literatura' fosse o ápice da realidade espiritual". Ele comentou: "O que diriam Moisés e Jeremias a respeito desse tipo de elogio? Talvez o mesmo que Einstein teria dito se o manuscrito da Teoria da Relatividade fosse aclamado por sua bela caligrafia".[7]

Jeremias envolveu seu amigo Baruque no trabalho. Ele escrevia enquanto Jeremias ditava o que tinha pregado e orado nos últimos vinte e três anos: palavras que esquadrinhavam a vida, imagens brilhantes, confrontações mordazes, análises profundas. Sua linguagem, como descrito por George Adam Smith, era "concisa, concreta, aguda e graciosa".[8]

Nós vivemos embalados pelos assuntos do momento e pelos últimos boatos. Não que jamais tenhamos escutado a verdade, mas simplesmente não percebemos sua irresistível importância. Ela é deixada de lado, retirada do contexto de nossa vida. Não temos senso de continuidade. Reagimos a caprichos, tanto benéficos quanto prejudiciais. Então as Escrituras são colocadas diante de nós. Palavras são reunidas e organizadas tornando visíveis os grandiosos modelos da verdade. O sermão que nos levou ao arrependimento há dez anos, mas que foi esquecido pela pressão dos negócios, a oração que nos encheu de renovada esperança durante um período de crise, mas que desde então foi sepultada debaixo de erros e desilusões — essas palavras, juntamente com muitas outras que nunca ouvimos antes, surgem diante de nós de tal forma que tudo se torna coerente em sua presença. A amnésia é substituída pelo reconhecimento. A distração se

[7] *God in Search of Man*, p. 237.
[8] SMITH. *Jeremiah*, p. 41.

transforma em atenção. Jeremias ditava. Baruque escrevia. A sintaxe determinou a forma e as metáforas deram destaque à Palavra de Deus.

UM MUNDO EM CRISE

Muitos meses mais tarde, os exércitos babilônios invadiram a terra e chegaram notícias informando que eles haviam reduzido a cidade costeira de Ascalon a ruínas. As maiores potências mundiais, o Egito e a Babilônia, estavam em disputa. Nas rápidas mudanças de poder que ocorreram, Jerusalém ficou perigosamente vulnerável. O povo temia por suas vidas diante dos conflitos entre as grandes potências. Um dia de jejum foi convocado por causa da crise. A cidade estava cheia de pessoas ansiosas e em oração.

O momento era perfeito. A crise havia levado as pessoas a dobrar os joelhos diante de Deus; a maior congregação já vista por Jeremias tinha se reunido na cidade. Apesar de estar proibido de falar em público (ele era considerado *persona non grata* pelo rei Jeoaquim),[9] sua mensagem estava agora escrita, de modo que podia ser anunciada por outra pessoa. Assim, Baruque levou o rolo ao templo e o leu em voz alta diante do povo ali reunido (Jr 36:4-10).

Micaías, um jovem que estava na congregação, ouviu as palavras que Baruque lia do rolo ditado por Jeremias e prestou total atenção. Ele já havia ouvido as pregações do profeta muitas vezes, mas agora estava ouvindo as palavras de *Deus*. O jovem agiu depressa. Correu para junto de seu pai e contou-lhe tudo o que havia escutado. Seu pai, membro do ministério real, estava naquele momento reunido com outros quatro membros do governo. Eles deram ouvidos à urgência demonstrada pelo jovem Micaías e mandaram chamar Baruque para que lesse o rolo diante deles, o que aconteceu pouco depois. O pai ficou tão impressionado quanto o filho. Os demais ouvintes presentes no recinto também foram atingi-

[9] A antipatia do rei Jeoaquim por Jeremias é compreensível. Logo no início de seu reinado Jeremias o repreendeu dizendo que ele imaginava ser rei apenas por gastar dinheiro como um rei ("Reinarás tu, só porque rivalizas com outro em cedro?"). Ele o comparou de maneira desfavorável a seu pai, Josias, que exerceu a justiça no país e honrou a Deus, enquanto o filho era ganancioso e egoísta. Ele profetizou que Jeoaquim seria sepultado como um animal, no depósito de lixo da cidade: "Como se sepulta um jumento, assim o sepultarão; o arrastarão e o lançarão para bem longe, para fora das portas de Jerusalém" (Jr 22:11-19). Com tais repreensões ecoando em seus ouvidos, não é de estranhar que o rei tivesse proibido Jeremias de falar em público.

dos por aquelas palavras, como nos é relatado: "Tendo eles ouvido todas aquelas palavras, entreolharam-se atemorizados e disseram a Baruque: Sem dúvida nenhuma, anunciaremos ao rei todas estas palavras" (Jr 36:16).

Eles ouviram a verdade e se sentiram desafiados por ela. Todos eram homens responsáveis e sabiam que suas vidas, bem como a vida da nação, haviam sido atingidas pela Palavra de Deus. Também tinham consciência de que o rei deveria ser informado do ocorrido. Porém, eles o conheciam e sabiam que, no exato momento em que ouvisse o que havia sido escrito e dito, Jeremias e Baruque poderiam se considerar mortos. Assim, aqueles oficiais recomendaram que os dois permanecessem em local seguro e ignorado. O rei já tinha mandado matar um profeta, Urias, que ousou enfrentá-lo (Jr 26:20-33). Com certeza, não hesitaria em matar mais um.

A função das Escrituras é revelar às pessoas, por mais desagradável que isso seja, o mistério de Deus e os segredos presentes em seus próprios corações — proclamar e levar à confissão. Há muitas maneiras de expor e escrever essas verdades: por intermédio de oráculos, poemas, romances, sermões, sátiras, imprensa ou artes cênicas. Se escritas corretamente e apresentadas com coragem, as palavras revelam a realidade e expõem nossas tentativas egoístas de corromper a beleza, manipular a bondade e dominar as pessoas, desafiando Deus em todas elas. A maioria de nós, conscientemente ou não, vive dessa maneira. Um texto realista nos mostra como temos vivido de forma perversa e como a vida é maravilhosa. Essa revelação nunca vem desacompanhada da dor. Porém, quando essa dor é aceita e suportada, não leva à mutilação, mas à purificação. "Qualquer afirmação relevante abre feridas, porém 'fiéis são as feridas de um amigo'".[10]

O ROLO É LANÇADO AO FOGO

Agora era a hora de o rei ouvir a leitura do rolo. Jeoaquim estava em sua casa de inverno, especialmente construída para essa estação (era o mês de dezembro) e havia uma lareira acesa no aposento em que ele estava para manter o ambiente aquecido. Ele enviou um servo, Jeudi, para apanhar o rolo e lê-lo diante dele. O

[10] R. E. C. Browne. *The Ministry of the Word.* Philadelphia: Fortress, 1976, p. 23.

rei tinha uma faca em sua mão. Quando o servo terminou de ler a terceira ou quarta folha do livro, o rei, com desdém e ar de sarcasmo, cortou o rolo com a faca, lançando-o a seguir na lareira acesa. O grupo restrito de conselheiros que estava presente ao redor do rei acompanhou-o na zombaria e no sarcasmo. Todos acharam aquele momento hilariante. Os ministros, porém, que haviam anunciado o rolo ao rei, imploraram-lhe que levasse aquelas palavras a sério. O rei foi irredutível. O rolo foi lido e destruído, coluna por coluna foi reduzida a tiras e queimada no fogo.

Durante o desenrolar dessa história, os contrastes entre pai e filho tornam-se cada vez mais evidentes. Dezessete anos antes, o pai de Jeoaquim, Josias, recebeu das mãos do escrivão Safã um rolo e ordenou que o lessem em voz alta para ele. Sua reação foi penitencial — "ele rasgou suas vestes". Josias reconheceu aquele rolo como a Palavra do Deus verdadeiro e compreendeu a vida de pecado que todo o povo, inclusive ele, na ignorância, estava vivendo. Hulda, uma profetisa, descreveu a reação de Deus ao arrependimento de Josias: "Porquanto o teu coração se enterneceu, e te humilhaste perante o SENHOR, quando ouviste o que falei [...] também eu te ouvi, diz o SENHOR" (2Rs 22:19).

Agora, uma geração depois, a mesma cena se repete. Jeoaquim, o filho de Josias, recebe o rolo das mãos do filho de Safã, Gemarias. A reação de Jeoaquim também foi imediata, porém o que havia em seu interior era escárnio e desprezo por aquela palavra. Em vez de rasgar suas vestes em sinal de arrependimento, como seu pai fizera, ele rasgou o livro, ridicularizando-o. Há uma palavra profética que conclui essa narrativa, mas ao contrário das palavras de aprovação ditas por Hulda, é uma profecia acerca da condenação de Jeoaquim: "Tu queimaste aquele rolo [...] Portanto, assim diz o SENHOR, acerca de Jeoaquim, rei de Judá: Ele não terá quem se assente no trono de Davi, e o seu cadáver será largado ao calor do dia e à geada da noite" (Jr 36:29-30). O calor irradiado pelo rolo ardendo na lareira não iria aquecê-lo por muito tempo — em breve, ele seria um cadáver, exposto "à geada da noite"!

A expressão-chave para a aprovação de Josias foi "ouviste o que falei"; a expressão-chave para a condenação de Jeoaquim e sua descendência foi "não ouviram" (Jr 36:31). O pai ouviu a Palavra de Deus e a obedeceu; o resultado foi o surgimento de uma fase de prosperidade na vida da nação. Já o filho ouviu a palavra, mas sua reação foi de escárnio, resultando em sua abrupta queda e exílio.

UMA SIMULAÇÃO DE INDIFERENÇA

A reação de Jeoaquim diante da leitura da Palavra de Deus revela uma imensa ansiedade. Rir nervosamente na presença do divino ou zombar com piadinhas baratas daquilo que é sublime são atitudes de defesa contra uma consciência que exige mudança de vida. O rei estava tentando desesperadamente manter a verdade das palavras de Jeremias e a realidade de Deus longe dele. Seu comportamento, porém, radical e extremado, demonstra que não era por simples ignorância que agia daquela maneira, mas motivado por um egoísmo intenso. Ele sabia que estava ouvindo a Palavra de Deus, mas se desse algum indício de que reconhecia isso, seria admoestado a reagir com obediência. Assim, ele simulou um elaborado comportamento de desinteresse, cortando o rolo de forma casual e indiferente, alimentando o fogo com as tiras até que acabassem.

Jeoaquim com sua faca é uma representação de todos aqueles que tentam *usar* as Escrituras, que procuram manter o domínio sobre ela reduzindo-a a algo controlável. A Palavra de Deus não pode ser *manipulada*. Ela nos chama a uma reação pessoal, nos adverte, dirige-se a nosso ser interior. A única reação apropriada é uma atitude de reverência, pois ela é sempre mais do que somos, sempre nos precede, sempre está acima de nós.

Ao desejar manter o controle sobre nossa vida e segurar as rédeas em nossas mãos, cortamos a Palavra de Deus em pequenos pedaços de modo a podermos controlá-la e, talvez, utilizá-la de uma maneira útil e prática, como um cobertor que nos aquece nas noites frias! Reduzimos as Escrituras a algo impessoal que podemos usar de acordo com nossos propósitos ou descartar de acordo com nossas conveniências. Nós desfazemos suas partes organicamente desenvolvidas de maneira que ela deixa de ser uma representação completa do chamado de Deus para nós, ao qual devemos responder.

As Escrituras podem ser queimadas, mas a Palavra de Deus jamais pode ser destruída. Ela foi atirada ao fogo inúmeras vezes, mas nenhum de seus algozes obteve sucesso em sua tentativa de eliminá-la. Jeremias e Baruque simplesmente voltaram ao trabalho de ditar e escrever. Desta vez, porém, algo mais foi escrito:

"[...] o qual escreveu nele, ditado por Jeremias, todas as palavras do livro que Jeoaquim, rei de Judá, queimara; e ainda se lhes acrescentaram muitas palavras semelhantes" (Jr 36:32).[11] Jeoaquim não devia ter destruído o primeiro rolo. Agora cópias mais extensas que a primeira edição estavam circulando por toda a Jerusalém.

Eu aprecio conversas que começam com perguntas do tipo: "Se você fosse um náufrago em uma ilha deserta, que livro mais gostaria de ter em mãos?". Geralmente eu excluo a Bíblia de minhas respostas para evitar a idéia de falsa piedade. Por meio das respostas, é possível discernir valores e predileções significativos. A pessoa que escolher a obra de Shakespeare, *Rei Lear*, é, creio eu, comprometida com a exploração dos relacionamentos humanos. Se a escolha recair sobre o *Guinness Book*, o famoso livro de recordes, ela revela uma mente que reduz todo o conhecimento a uma informação impessoal, que prefere manter o mínimo relacionamento pessoal possível. A menção do livro de John Milton, *Paraíso perdido*, indica uma tendência à meditação teológica. Entretanto, a melhor resposta que já ouvi foi a surpreendente porém óbvia menção do livro de Butler, *Practical Guide to Boat-Building* [Guia prático para a construção de barcos].

O livro que Jeremias leu e o que escreveu são, ambos, guias práticos. Eles não são livros piedosos de meditações. Muito menos discorrem sobre idéias ou objetos, mas falam sobre sobrevivência, sobre voltar para casa. Eles mostram como deve ser a vida que nos leva onde deveríamos estar, ou seja, a vida que leva a Deus. Toda a Bíblia foi escrita assim. O livro de *Deuteronômio* foi referência para a reconstrução de uma sociedade arruinada pelo reinado maligno de Manassés. *Jeremias* foi usado para reconstruir vidas que sofreram o naufrágio do exílio. Com os outros 64 livros que foram agregados eles continuam apresentando a Palavra de Deus às pessoas cuja vida encontra-se à deriva, a fim de que naveguem rumo ao porto da salvação.

[11] Esse rolo provavelmente abrange os capítulos 1 a 25, a primeira etapa na composição do livro de Jeremias. O livro completo foi resultado de um longo e intrincado processo que incluiria as memórias de Baruque. A formação foi extremamente complexa. Uma boa descrição dos elementos presentes nesse processo pode ser encontrada no livro de THOMPSON, *The Book of Jeremiah*, p. 56-59.

11 O VALOR DA DISCIPLINA

Vai à casa dos recabitas, fala com eles, leva-os à Casa do SENHOR [...] Obedecemos, pois, à voz de Jonadabe, filho de Recabe, nosso pai, em tudo quanto nos ordenou; de maneira que não bebemos vinho em todos os nossos dias, nem nós, nem nossas mulheres, nem nossos filhos, nem nossas filhas; nem edificamos casas para nossa habitação; não temos vinha, nem campo, nem semente. Mas habitamos em tendas, e, assim, obedecemos, e tudo fizemos segundo nos ordenou Jonadabe, nosso pai. Visto que os filhos de Jonadabe, filho de Recabe, guardaram o mandamento de seu pai, que ele lhes ordenara, mas este povo não me obedeceu.

JEREMIAS 35:2,8-10,16

É cada vez mais necessária a tarefa de grupos menores e pequenos rebanhos em esforçar-se eficientemente pelo homem e pelo espírito e, em particular, em promover um testemunho mais eficaz das verdades pelas quais o homem tão desesperadamente anseia e que estão no presente tão escassas. Pois somente os grupos menores e os pequenos rebanhos são capazes de reunir-se ao redor de algo que escapa completamente à técnica e ao processo de massificação, que é o amor da sabedoria e do intelecto e a confiança na radiação invisível desse amor. Tais raios invisíveis têm longo alcance; eles têm o mesmo poder inacreditável no reino espiritual que a fissão atômica e os milagres da microfísica têm no mundo material.

JACQUES MARITAIN[1]

[1] *The Peasant of the Garonne*. New York: Holt, Rinehart and Winston, 1968, p. 172.

As multidões mentem. Quanto mais pessoas, menos verdade.[2] A integridade não é fortalecida pela multiplicação. É fácil provar essa afirmação. Qual promessa é mais possível de cumprir: a promessa feita por um político a milhares de pessoas em um comício ou a existente entre dois amigos?

Uma vez que todos nós temos experiências freqüentes que mostram a incapacidade das multidões em discernir e refletir a verdade, é incompreensível o impacto que os números continuam a exercer sobre nós. A venda de milhões de cópias de um livro é recebida como evidência da excelência e importância daquela obra. O engajamento de grande número de pessoas em certo comportamento moral é visto como prova de sua legitimidade. A aprovação das massas é vista como prova incontestável. Entretanto, um conhecimento rudimentar da história acrescido de alguns momentos de reflexão pessoal nos convencerá de que a verdade não se comprova por estatísticas e que a estultícia e não a sabedoria é a companheira das massas. Para as multidões a verdade é moldada na forma de um *slogan*. Não somente a verdade pregada, mas também a verdade vivida sofre distorções e mutilações pela grande massa. A multidão nos reduz a meros

[2] Søren Kierkegaard insistiu que "a multidão é mentirosa". Ele explorou a importância dessa afirmação em todos os seus trabalhos. Por exemplo: "Há uma visão da vida que concebe que a verdade está presente onde está a multidão, e que a própria verdade precisa ter a multidão ao lado. Porém, há outra visão de vida que afirma exatamente o contrário, de tal forma que (considerando um caso extremo), mesmo se cada indivíduo, em sua privacidade, estivesse em poder da verdade, quando este se juntasse à multidão — uma multidão à qual se atribui qualquer tipo de importância *decisiva*, uma multidão eleitora, barulhenta e audível — a mentira surgiria". Mas Kierkegaard também qualifica sua posição de maneira cuidadosa: "Talvez seja melhor observar aqui, embora isto me pareça quase supérfluo, que, naturalmente, não pretendo contestar o fato, por exemplo, de que a pregação é feita e a verdade é proclamada mesmo quando na presença de uma assembléia de centenas de milhares. De forma alguma. Porém, se houvesse uma reunião de apenas dez pessoas e os presentes colocassem a verdade em votação, sendo aquela assembléia considerada como autoridade; se, nesse caso, a multidão fosse adotada como o fiel da balança, então não se chegaria à verdade" (*The Point of View*. Londres: Oxford University Press, 1939, p. 112).

espectadores, totalmente passivos na presença da excelência ou da beleza. Também nos transforma em consumidores que adquirem tudo o que é oferecido. Como espectadores e consumidores, os elementos centrais e fundamentais de todo o ser humano — a capacidade de criação, a busca da excelência e nossa capacidade de comunhão com Deus — sofrem de atrofia aguda.

Não há nada de errado, é claro, em estar no meio da multidão, pois muitas vezes isso é inevitável. Se eu quiser assistir a um jogo de futebol e outras cinqüenta mil pessoas tiverem o mesmo desejo, dificilmente deixarei de estar em meio a uma grande massa e, tampouco, isso me será prejudicial. Se, porém, além de acompanhar ao jogo eu começar a imitar o comportamento jocoso e inadequado da multidão (só porque cinqüenta mil pessoas devem estar certas), então minha vida é uma fraude.

Não podemos evitar as multidões, mas podemos evitar ser condicionados por elas. Como poderemos impedir que nossos nomes sejam trocados por números se deixamos que as massas nos reduzam à passividade irracional?

INFLUENCIADO POR DEUS

Jeremias lidou com multidões a maior parte de sua vida. Diferente de muitos profetas que eram homens que viviam no deserto, solitários e rudes, Jeremias era um homem da cidade "onde cruzava os caminhos abarrotados da vida". Diariamente ele andava pelas ruas. Com freqüência estava nas dependências do templo. Porém, embora estivesse sempre no meio da multidão, Jeremias não era condicionado ou influenciado por ela. O povo reunido não ditava sua mensagem e muito menos determinava seus valores. Esse profeta não realizava pesquisas de opinião pública para descobrir o que o povo de Jerusalém desejava ouvir a respeito de Deus. Também não promovia votações, pedindo que as pessoas na assembléia levantassem a mão e escolhessem que tipo de nível ou comportamento moral deveria enfatizar.

Seu comportamento foi modelado por Deus. O Senhor dirigiu sua vida e exercitou suas percepções. Todos esses processos se desenvolviam enquanto Jeremias conversava com Deus. Na Palavra de Deus ele meditava longa e assiduamente; também desenvolvia reações que eram absoluta e intensamente pessoais. Tudo o que viveu e falou originou-se dessas ações em seu interior: "[...] isso me foi no coração como fogo ardente, encerrado nos meus ossos; já desfaleço de sofrer e não posso mais" (Jr 20:9).

Jeremias fez sua escolha. Ele queria tudo o que Deus prometera. Ansiava por participar de todas as ações de Deus. Sua intensidade espiritual e profunda paixão profética mantiveram-no separado do povo. Ele se tornou o que Kierkegaard, ele mesmo notavelmente parecido com Jeremias, denominou de: "o único, o singular".[3]

Algumas vezes, na presença de uma pessoa dotada de impressionante excelência, somos estimulados a buscar um desempenho semelhante. Observamos a vida de um atleta e decidimos seguir uma rígida disciplina que resulte em equilíbrio e bem-estar à nossa vida. Ouvimos um músico exibindo sua maravilhosa arte e somos motivados a nunca mais aceitar algo que não seja bem feito e agradável. Observamos uma pessoa que exibe qualidades como coragem e retidão e decidimos que também perseguiremos o que há de melhor em nós. Entretanto, há momentos em que nos acovardamos. Dizemos que não importa quanto nos esforcemos, jamais nos aproximaremos da vida que idealizamos. Nossas imperfeições e falta de capacidade são expostas por meio das comparações e nos deixamos levar pela correnteza da vida. O artista, o atleta e o santo são rejeitados como evidências e provas do que é possível alcançar e considerados exceções ou entretenimento para espectadores preguiçosos e consumidores entediados.[4]

Esse era o caso de Jeremias em Jerusalém. O povo evitava o confronto, isolando-o. As pessoas entendiam sua mensagem e provavelmente admiravam seu modo de vida, mas seus conceitos e valores eram determinados pela comunidade em que viviam. Elas acreditavam em Deus, mas desqualificavam-se a si mesmas evitando uma participação pessoal ativa.

Entretanto, a fé bíblica sempre bateu na tecla de que não são necessárias aptidões especiais para ter uma vida com Deus. Muito menos exige-se um nível

[3] *The Point of View*, p. 131.

[4] Quando "admiramos e derramamos lágrimas" diante de alguma façanha, tornamo-nos, afirma Kierkegaard, espectadores e testemunhas e evitamos o chamado para viver como seres humanos. Em outras palavras, a admiração pode ser uma forma de evasão. Cf. Søren KIERKGAARD. *Concluding Unscientific Postscript*. Princeton University Press, 1941, p. 320-322.

elevado de inteligência, grau de moralidade ou qualquer experiência particular específica. Afirmações como: "Eu não sou do tipo religioso" são inadmissíveis. Não existem tipos religiosos. Existem seres humanos, cada qual criado para desenvolver um relacionamento pessoal e eterno com seu Criador.

Como pessoas condicionadas a uma vida de distração e tolerância podem ser estimuladas a buscar o melhor, a ser artistas todos os dias, a lançar-se numa vida verdadeira e não perder tempo com frivolidades?

OS RECABITAS

Certo dia, um povo estranho surgiu nas ruas de Jerusalém. Esse povo, conhecido como recabitas, levava uma vida nômade e habitava em tendas. Formavam um grupo que se dedicava a trabalhar com metal, envolvendo-se na fabricação de carroças e armamentos de guerra. Eles perambulavam por todo o país, acampando nos arredores das cidades e dos vilarejos. Se você tivesse uma lança que precisasse ser endireitada ou uma roda de carroça para consertar, deveria mantê-las separadas para quando os recabitas voltassem à região. Eles formavam um grupo pequeno e voltado para si.[5]

As origens dos recabitas remontavam a 250 anos, iniciando-se com Jonadabe, filho de Recabe, nos dias de Jeú. Eles eram conhecidos por sua vida disciplinada e singular distinção no que diz respeito à firme obediência ao mandamento dado por seus ancestrais: "Obedecemos, pois, à voz de Jonadabe, filho de Recabe, nosso pai, em tudo quanto nos ordenou; de maneira que não bebemos vinho em todos os nossos dias, nem nós, nem nossas mulheres, nem nossos filhos, nem nossas filhas; nem edificamos casas para nossa habitação; não temos vinha, nem campo, nem semente. Mas habitamos em tendas, e, assim, obedecemos, e tudo fizemos segundo nos ordenou Jonadabe, nosso pai" (Jr 35:8-10).

[5] Em geral, os recabitas foram descritos como um povo nômade que vivia de forma ascética e disciplinada, pastoreando rebanhos no campo. Seu modo de vida era um protesto contra a decadência da civilização e uma figura dos quarenta anos no deserto, quando a religião era austera e pura e os rituais de fertilidade e a imoralidade eram associados às cidades. Entretanto, estudos recentes têm mostrado que não há base no relato bíblico para essa descrição e indicam uma alta probabilidade de que os recabitas formavam uma associação de artífices de metal. Cf. Frank S. Frick. "The Rechabites Reconsidered" *Journal of Biblical Literature*, vol. 90, 1971, p. 279-287; e "Rechabites", *Interpreter's Dictionary of the Bible, Supplement*. Nashville: Abingdon Press, 1976, p. 726-728.

Artesãos do metal deviam ter muitos segredos técnicos, guardados a sete chaves. A abstinência alcoólica seguia o conhecido ditado "lábios descontrolados, navios naufragados". Na antigüidade, os metalúrgicos geralmente formavam grandes famílias com longas genealogias. Os casamentos eram previamente arranjados entre os integrantes do grupo, evitando a entrada de estranhos. Os ferreiros tinham um formidável conjunto de conhecimentos técnicos que eram preservados e transmitidos cuidadosamente de geração em geração. A natureza do trabalho que executavam não lhes permitia fixar residência em nenhuma localidade. Eles podiam permanecer em determinada região alguns meses ou mesmo anos, mas só até as reservas de minério e combustível naquele lugar se exaurirem. O trabalho desses artífices exigia tanta perícia e prática tão prolongada que o trabalho na agricultura era excluído.

A invasão de Judá pelos babilônios havia tornado a vida no país muito perigosa e, assim, os recabitas começaram a entrar nos limites da cidade de Jerusalém em busca de segurança. Eles despertavam a atenção de todos na cidade por causa de sua singularidade. Por isso, é claro, eram alvo freqüente de comentários e discriminações. Poucos dias após sua chegada, todos na cidade já os tinham visto ou falado a respeito deles.

UM CONVITE PARA ALMOÇAR

Então lemos: "Palavra que do SENHOR veio a Jeremias, nos dias de Jeoaquim, filho de Josias, rei de Judá, dizendo: Vai à casa dos recabitas, fala com eles, leva-os à Casa do SENHOR, a uma das câmaras, e dá-lhes vinho a beber" (Jr 35:1-2).

Os recabitas, porém, não bebiam vinho. Todos sabiam disso. Por que, então, convidá-los para uma refeição e oferecer-lhes vinho? Essa reflexão iluminou a mente de Jeremias. Era tão claro. Os recabitas eram uma evidência viva, bem ali no meio das ruas de Jerusalém, das duas coisas que as pessoas condicionadas pela multidão julgavam impossíveis: eles eram uma prova inconteste de que todos os dias de sua vida pessoas comuns podiam ser conduzidas por uma ordem pessoal (e não pelas pressões impessoais das massas); e eram também uma demonstração de que era possível manter com persistência um modo de vida singular e distinto (não sendo levado pelos modismos da sociedade). O povo já havia notado os recabitas — era impossível não vê-los — agora, se as pessoas pudessem apenas perceber exatamente o que os distinguia dos demais e lhes concedia essa singular identidade, então elas mesmas compreenderiam que é possível manter uma identidade pessoal e uma disciplina distinta.

Jeremias vislumbrou essas possibilidades e se entregou ao trabalho. Ele conseguiu o uso de um recinto público nas dependências do templo — uma câmara aberta onde os recabitas poderiam ser vistos tanto pelos líderes religiosos quanto pela população em geral. Ele convidou o grupo, formado talvez por quinze ou vinte pessoas, para uma refeição. Também colocou jarros de vinho e grandes taças na mesa.

UM POVO DISCIPLINADO

Jeremias não era inexperiente na arte de usar situações cotidianas para despertar a atenção das pessoas para Deus. Certo dia, em uma loja, ele comprou um fino cinto de linho, do tipo que se vestia para uma cerimônia de casamento ou um ato religioso. Eu sempre imaginei o profeta pedindo um desconto no preço, passando mais de uma tarde barganhando com o vendedor (prática não propriamente incomum no Oriente Médio), de tal modo que muitas pessoas tomassem conhecimento daquela compra. As perguntas mais comuns entre as testemunhas seriam: "Por que razão Jeremias está comprando esse cinto de linho? Que evento especial está próximo? Será que ele foi convidado e nós não?".

Então, o profeta pegou aquela linda peça de vestuário e a escondeu na fenda de uma rocha para mantê-la em segurança até que chegasse a ocasião em que iria vesti-la. Passados muitos dias, Jeremias voltou e a retirou do lugar em que a havia escondido, como se fosse usá-la para a ocasião especial. O cinto havia apodrecido e estava totalmente danificado pela exposição às intempéries e aos insetos.

O povo entendeu a mensagem: Israel era a fina peça de roupa que Deus desejava vestir, mas a peça ainda não estava pronta para ser usada conforme seus propósitos. Primeiro, as pessoas queriam viver uma vida comum, de modo que se apegaram à rotina, separando-se do que Deus havia comprado para elas, pagando um alto preço. Porém, quando aquele dia chegar ficará patente que Israel já não terá serventia nenhuma. A bela vida moral que o povo trocou por um viver mais conveniente estará desbotada e corroída quando for encontrada novamente (Jr 13).

Em outra oportunidade, Jeremias percorreu as ruas de Jerusalém com uma canga de bois ao pescoço, dizendo que o povo ia experimentar a mesma servidão debaixo do domínio babilônio e que se acostumaria com a idéia de que o jugo era melhor do que ser morto (Jr 27-28).

Na ocasião agora em vista, Jeremias usou o assunto do momento entre os moradores de Jerusalém: os recabitas. Convidados pelo profeta, eles estavam agora sentados à mesa com ele. O vinho estava sobre a mesa. Jeremias, como bom anfitrião, levantou sua taça, brindando: Bebam vinho!

Os recabitas o acompanharam? Eles deixaram de obedecer ao mandamento recebido somente naquela ocasião, a fim de não ofender o novo amigo? Será que pensaram no fato de estarem vivendo em tempos de guerra e que não faria mal algum beber vinho apenas para adaptar-se aos costumes de seus protetores? Será que refletiram de maneira realista sobre a situação em que estavam e compartilharam aquela taça, demonstrando apreciação pelo tratamento tão generoso e gentil?

Não! Eles agiram exatamente como Jeremias havia previsto. "Mas eles disseram: Não beberemos vinho, porque Jonadabe, filho de Recabe, nosso pai, nos ordenou: Nunca jamais bebereis vinho, nem vós nem vossos filhos" (Jr 35:6). Os recabitas não viveram uma vida baseada nos modismos da multidão, mas alicerçada nos mandamentos dados por seu ancestral. O viver daquele grupo não fora forjado por instáveis condições históricas, mas por séculos de devoção. O antigo mandamento, não o comportamento em voga, dava-lhes identidade. Aquela palavra modelou e preservou suas ricas tradições, como exímios artesãos do metal. Nem a hospitalidade de um gentil anfitrião, nem os costumes da cidade que lhes concedia refúgio, os desviaram daquilo que os distinguia: o fato de serem um povo obediente e disciplinado. O mandamento proferido por Jonadade, 250 anos antes, lhes era mais precioso do que a recente amizade de Jeremias. A disciplina que os ajudou a preservar sua atividade principal era muito mais importante do que fazer concessões que permitiriam um relacionamento mais fácil com seus novos vizinhos e protetores.

VIDA BASEADA NO RELACIONAMENTO COM DEUS

Agora Jeremias tinha a palavra e a atenção da multidão presente: "[...] Acaso, nunca aceitareis a minha advertência para obedecerdes às minhas palavras? — diz o SENHOR. As palavras de Jonadabe, filho de Recabe, que ordenou a seus filhos não bebessem vinho, foram guardadas; pois, até ao dia de hoje, não beberam; antes, obedecem às ordens de seu pai; a mim, porém, que, começando de madrugada, vos tenho falado, não me obedecestes. [...] Visto que os filhos de Jonadabe, filho de Recabe, guardaram o mandamento de seu pai, que ele lhes ordenara, mas este povo não me obedeceu" (Jr 35:13-14,16).

Note bem que Jeremias não disse: "Vocês devem vender suas casas e viver em tendas; devem abandonar suas vinhas e vagar pelo deserto: devem abster-se de vinho e beber somente água". O que estava em questão não eram os detalhes específicos obedecidos pelos recabitas, mas sua vida de obediência e íntegra disciplina.

A essência da mensagem do profeta nesse episódio é esta: "Vocês também têm um Pai que lhes ordenou viver em pleno relacionamento com ele. Sabem que ele os separou para uma vida de amor. Por que razão vocês não vivem conforme esse mandamento? Se por acaso imaginam que seres humanos mortais e comuns não conseguem obedecer, reflitam novamente. Os recabitas são seres humanos mortais e comuns como todos vocês, e eles têm obedecido ao mandamento dado há 250 anos. Vocês também receberam orientações para a vida que exigem disciplina para preservar o bom caráter. Essa disciplina deve entrar em cena quando vocês tomam certas decisões que envolvem a maneira como vivem: um culto regular, as orações de fé, a observância dos dízimos, o cuidado com os necessitados, a conduta moral e a busca da retidão. Por que vocês não fazem essas coisas? Se vocês pensam que esse viver é muito rígido para simples mortais, avaliem novamente. Os recabitas são simples mortais como vocês e por 250 anos têm sido fiéis à ordem recebida".

Não apenas olhem ou falem deles. Prestem atenção no que os distingue dos demais povos. Eles não são entretenimento, mas exemplos. Deixem que mostrem como a vida que vocês levam é má e vazia — e como pode ser muito melhor.[6] O problema não está na incapacidade de vocês, mas na preguiça. Não há uma só pessoa em Jerusalém que não esteja apta para viver, de forma voluntária e consciente, como filho de Deus, e observar os padrões que sustentam e preservam a vida de fé. Entretanto, vocês têm permitido que a voz da multidão os transforme

[6] Marsim Górki disse que não escrevia para entreter; ele queria mostrar às pessoas como eram "ruins e vazias suas vidas", incentivando-as a melhorar.

em meros espectadores e consumidores. Como conseqüência disso, sua vida se tornou débil e indiferente. Vocês têm ignorado as melhores coisas que já lhes foram ditas: a Palavra de Deus! Permitiram que conversas tolas e boatos enchessem seus ouvidos. Abandonaram as atitudes simples que pessoas de fé adotaram ao longo de séculos para permanecerem em contato com a verdade de Deus, com a beleza da criação e com a realidade do ser humano. Em vez disso, deixaram-se distrair com frivolidades e desumanizar com propagandas.

Por que não permitirem que a Palavra de Deus desenvolva em vocês uma vida de santa obediência, em vez de se deixarem levar pela multidão à indolência? "Visto que os filhos de Jonadabe, filho de Recabe, guardaram o mandamento de seu pai, que ele lhes ordenara, mas este povo não me obedeceu."

AMPLO PORÉM MENOR

Jeremias levanta pesadas objeções contra nossas insensatas maneiras de buscar formas definidas de atuação que se transformam afinal em vidas moldadas e aprovadas pela multidão. O filósofo nova-iorquino William Barrett argumenta: "A civilização moderna tem elevado o nível material de milhões de pessoas além das expectativas do passado, mas será que essa conquista tem tornado as pessoas mais felizes? A julgar pelos livros da literatura moderna, a resposta seria um sonoro 'não', e em alguns aspectos podemos até dizer que o resultado tem sido o inverso".[7]

O nível moral de nossa sociedade é vergonhoso. A integridade espiritual de nossa cultura é deprimente. Qualquer área de nossa vida, quando influenciada pelos padrões das grandes massas, torna-se pior. Quanto maior a multidão, menor a vida. Plínio, o Velho, disse certa vez aos romanos que, se não fosse possível construir uma casa bonita, deveriam fazê-la grande. Essa prática continua muito popular em nossos dias: se não posso fazer bem, devo fazer grande. Assim, procuramos aumentar nossa renda, construímos mais quartos, enchemos nossa agenda de reuniões e atividades. O resultado é que a vida diminui a cada adição.

Em contrapartida, toda vez que protegemos uma área de nossa vida da influência da multidão e respondemos ao chamado de Deus nos tornamos muito mais humanos, muito mais nós mesmos. Cada vez que rejeitamos os hábitos e costumes da multidão e praticamos as lições da fé, nos tornamos mais vivos.

[7] *The Illusion of Technique*. Garden City: Anchor/ Doubleday, 1978, p. 219.

12 UMA PROVA DE FOGO

Assim diz o SENHOR dos Exércitos, o Deus de Israel, a todos os exilados que eu deportei de Jerusalém para a Babilônia: Edificai casas e habitai nelas; plantai pomares e comei o seu fruto. Tomai esposas e gerai filhos e filhas, tomai esposas para vossos filhos e dai vossas filhas a maridos, para que tenham filhos e filhas; multiplicai-vos aí e não vos diminuais. Procurai a paz da cidade para onde vos desterrei e orai por ela ao SENHOR; porque na sua paz vós tereis paz. [...] Não vos enganem os vossos profetas que estão no meio de vós, nem os vossos adivinhos, nem deis ouvidos aos vossos sonhadores, que sempre sonham segundo o vosso desejo; porque falsamente vos profetizam eles em meu nome; eu não os enviei, diz o SENHOR. [...] Eu é que sei que pensamentos tenho a vosso respeito, diz o SENHOR; pensamentos de paz e não de mal, para vos dar o fim que desejais. Então, me invocareis, passareis a orar a mim, e eu vos ouvirei. Buscar-me-eis e me achareis quando me buscardes de todo o vosso coração. Serei achado de vós, diz o SENHOR...

JEREMIAS 29:4-14

Certamente, Jesus Cristo não é menos consciente do que Nietzsche de que a personalidade deve ter o maior desenvolvimento possível, e ser cada vez mais forte. A diferença entre eles repousa no método moral pelo qual a personalidade é colocada como dona de si mesma e de seus recursos — em um caso pela auto-afirmação, em outro, pela perda. Nossa personalidade se completa apenas quando nos dedicamos ao serviço dentro do movimento vital da sociedade em que vivemos. O isolamento reprime o desenvolvimento. O egoísta agressivo trabalha em prol da própria destruição moral, diminuindo e retardando sua verdadeira personalidade. A vida social, o trabalho e a solidariedade são as únicas condições sob as quais uma personalidade pode ser modelada. E se for perguntado como uma sociedade tão cruel, imperfeita, amoral e, até mesmo, imoral como esta em que vivemos pode moldar uma personalidade, verdadeiramente moral, é nesse ponto que aparece Jesus Cristo para resgatar pela fé, com a dádiva de um Espírito atuante e de uma sociedade completa nele.

PETER T. FORSYTH[1]

[1] *Positive Preaching and the Modern Mind.* London: Independent Press, 1907, p. 178-179.

A experiência do exílio é traumática e terrível. O sentido de quem somos é grandemente determinado pelo lugar onde estamos e pelas pessoas com as quais nos relacionamos. Quando isso muda de forma violenta e abrupta, surge a pergunta: Quem somos? As formas pelas quais definimos nossa importância e nutrimos nosso sentimento de significado desaparecem. A primeira onda emocional passa e nos deixa com a sensação de que não temos valor. Não nos encaixamos em lugar nenhum. Ninguém espera que façamos algo. Ninguém precisa de nós. Somos como bagagem extra, totalmente desnecessários e inúteis.

Israel foi levado ao exílio no ano 587 a.C.[2] As pessoas foram arrancadas do lugar onde haviam nascido. A Terra Prometida que tinham possuído e na qual sua identidade como povo de Deus tinha sido forjada agora fazia parte do passado. Os israelitas foram forçados a caminhar mais de 1.100 quilômetros pelo deserto do Oriente Médio, deixando para trás suas casas, o templo e as colinas. Na nova terra, a Babilônia, os hábitos e costumes eram muito estranhos, a língua incompreensível e a paisagem plana e monótona. Todas as realidades que lhes eram familiares se perderam de vista. O clima era diferente. Os rostos não eram amistosos nem conhecidos.

O exílio de Israel é uma representação extrema e violenta do que todos nós experimentamos de tempos em tempos. Sentimentos semelhantes de exílio instalam-se em nosso íntimo mesmo que não tenhamos nos mudado da rua ou do bairro em que fomos criados. Nosso primeiro exílio aconteceu quando nasce-

[2] O exílio aconteceu em duas etapas. O rei Jeoaquim, a rainha-mãe e a grande maioria dos líderes foram deportados em 598 a.C. A maioria do povo foi deixada para trás sob o comando do rei Zedequias, apenas um fantoche nas mãos dos babilônios. Jeremias, um dos deixados para trás, escreveu a sua carta provavelmente em 594 a.C. Onze anos depois do primeiro exílio, em virtude de conspirações e insurreições, os exércitos da Babilônia retornaram e destruíram a cidade, em 587 a.C. Na ocasião, eles levaram praticamente todo o povo para o exílio. Cf. John BRIGHT. *A History of Israel.* Filadéfia : Westminster Press, 1959, p. 302-310.

mos e começamos a vida em um ambiente estranho e difícil. Somos exilados novamente quando, ainda bem jovens, somos enviados para um mundo terrível e exigente chamado escola. Depois enfrentamos novo exílio ao deixar a escola para nos dedicar ao trabalho. Somos exilados de nossa cidade natal a fim de encontrar nosso caminho em uma nova cidade ou região.

Essas experiências de exílio, em maior ou menor grau, continuam ocorrendo por causa das mudanças na sociedade, no governo, nos valores, em nosso próprio corpo, em nossas emoções, na família ou nos relacionamentos. Mal nos acostumamos a um conjunto de circunstâncias e logo temos de enfrentar novas mudanças. O exílio vivido pelos hebreus é um dramático exemplo do que todos nós experimentamos pelo simples fato de sermos seres humanos. Constantemente nos encontramos em situações em que não estamos em casa. Somos "forasteiros em uma terra estranha".[3]

O sentido essencial do exílio é que nós estamos onde não queríamos estar. Estamos longe de nosso lar. Não nos é permitido residir em um lugar onde compreendemos e apreciamos nossa vizinhança. Somos forçados a permanecer distantes de tudo o que nos é familiar. É uma experiência de desajuste; tudo está separado, nada se encaixa. Os milhares de pequenos detalhes que foram construídos ao longo de muitos anos e que nos dão o senso de pertencer — gestos, hábitos, rituais, expressões verbais — nos são retirados. A vida é arrancada do solo familiar constituído de gerações marcadas por uma língua, costumes, clima e histórias e cruelmente lançada em um ponto totalmente desconhecido do planeta. O lugar de exílio pode até ter um padrão de vida mais elevado ou o clima pode ser mais agradável. Nada disso, porém, importa. Não é nosso lar.

Essa mesma situação, contudo, pode mostrar uma nova realidade para nós. Um acidente, uma tragédia, um desastre de qualquer natureza pode forçar a percepção de que o mundo não é um lugar previsível, de que a realidade é muito mais ampla do que se imagina. Com a dor e em meio à alienação pode surgir um senso de liberdade.

[3] Êxodo 2:22. A frase entrou para o domínio popular pela obra de ficção científica de Robert A. HEINLEIN, *Stranger in a Strange Land*. Nova York: Avon Books, 1961.

FALSOS SONHOS

A razão para o exílio de Israel é muito clara: Jeremias e outros profetas haviam pregado que a estabilidade da nação e sua segurança dependiam da fidelidade ao amor de Deus. Essa mensagem foi ridicularizada e desprezada. Um dia, então, apareceu o exército babilônio e capturou a cidade. Após conquistarem Jerusalém, os babilônios separaram seus líderes para serem deportados. A tática consistia em remover todas as pessoas de influência e liderança, ou seja, artesãos, comerciantes e líderes políticos, de modo que a população ficasse dependente e submissa aos invasores. Sem líderes, os hebreus, como ovelhas, se submeteriam ao rei títere e ao exército de ocupação com pouca resistência. Surpreendentemente Jeremias foi deixado para trás. Ele fora ignorado como líder durante tanto tempo por seu próprio povo que os inimigos não o consideraram importante o bastante para ser exilado.

Como será que aquelas pessoas se sentiram no exílio? Como reagiram? Se nos imaginássemos em uma situação semelhante, relembrando como reagimos quando fomos forçados a passar um longo tempo com pessoas de que não gostamos, em um lugar que não apreciamos, nos aproximaríamos bastante da verdade. A experiência deles pode ser expressa em uma queixa: "Algo terrível nos aconteceu. E isso não é justo. Sabemos que não somos perfeitos, porém não somos piores que os demais. E aqui acabamos nós, no deserto da Babilônia, enquanto nossos amigos continuam levando a vida em Jerusalém. Por que nós? Não entendemos a língua, detestamos a comida, as maneiras dos babilônios são grosseiras, as escolas são precárias, não há um só lugar decente para prestar culto, as planícies são infrutíferas, o clima é insuportavelmente quente, os templos estão tomados pela imoralidade e todos falam com sotaque". Os hebreus reclamavam amargamente das terríveis circunstâncias em que foram obrigados a viver. Eles ansiavam com todas as suas forças pela volta a Jerusalém. Eles se afogavam na autopiedade que Robertson Davies denomina de "emoção prostituta".[4]

Havia entre eles líderes religiosos que alimentavam a autopiedade do povo exilado. Conhecemos o nome de três deles: Acabe, Zedequias e Semaías. Esses

[4] Robertson Davies. *Rebel Angels*. New York: Viking Press, 1981, p. 326.

profetas chamaram a atenção dos hebreus para a injustiça do exílio a que foram destinados, disseminando entre o povo as sementes do descontentamento: "Sim, é para a antiga religião de Jerusalém que devemos voltar. Sim, não é justo que permaneçamos aqui enquanto muitos estão desfrutando da boa vida em Jerusalém. Porém, tenham um pouco mais de paciência e logo estaremos de volta. Esta triste situação não deve perdurar por muito tempo. Como poderia? Nenhum de nós merece esta vida. A justiça vai prevalecer". Esses profetas contavam sonhos concedidos por Deus, diziam, que revelavam o fim próximo daquele exílio.

Esses três profetas construíram uma boa vida fomentando descontentamento e vendendo saudades. Entretanto, suas mensagens e seus sonhos, além de serem falsos, eram destrutivos. Sonhos irreais interferem no viver honesto. O povo, influenciado por aquela mensagem, pensava que logo voltaria para casa e, assim, não via sentido em entregar-se ao trabalho na Babilônia. Se as probabilidades de recuperar tudo o que haviam perdido eram grandes, não havia necessidade de desenvolver uma vida estruturada, rica e séria na terra do exílio onde se encontravam. Uma vez que seus relacionamentos verdadeiros estavam em Jerusalém, eles podiam ser irresponsáveis e descomprometidos em seus relacionamentos no exílio — afinal de contas, não veriam aquelas pessoas por muito mais tempo. Por que se esforçar plantando hortas? Era um trabalho muito duro e provavelmente eles estariam longe dali antes do tempo de colheita. Por que aprender as práticas comerciais daquela cultura? Eles poderiam apenas realizar alguns trabalhos aqui e ali. Por que cumprir os compromissos de casamento ou de família? Eles poderiam manter encontros sexuais fortuitos até que voltassem para Jerusalém, onde iriam constituir famílias seriamente.

Os profetas manipularam a autopiedade do povo transformando-a em fantasias neuróticas. Os exilados, felizes por terem uma razão religiosa para serem indolentes, viviam apenas para comer, portando-se como parasitas na sociedade, irresponsáveis em seus relacionamentos e indiferentes à realidade de suas vidas.

UMA CARTA DE JEREMIAS

Certo dia, sem aviso, dois homens apareceram entre os exilados, vindos de Jerusalém. Eles eram Eleasa e Gemarias. Chegaram em missão oficial, trazendo uma mensagem ao rei da Babilônia. Durante o trajeto até o palácio real, eles visitaram a comunidade exilada. A atmosfera estava carregada de expectativa e ansiedade. Todos se questionavam: O que estava acontecendo? O que ia acontecer? Eleasa e Gemarias acenavam para eles em completo silêncio. Então revelaram que traziam uma mensagem do profeta Jeremias, uma carta aos que se encontravam no exílio.

> Assim diz o SENHOR dos Exércitos, o Deus de Israel, a todos os exilados que eu deportei de Jerusalém para a Babilônia: Edificai casas e habitai nelas; plantai pomares e comei o seu fruto. Tomai esposas e gerai filhos e filhas [...] Procurai a paz da cidade para onde vos desterrei e orai por ela ao SENHOR [...] Não vos enganem os vossos profetas que estão no meio de vós, nem os vossos adivinhos, nem deis ouvidos aos vossos sonhadores, que sempre sonham segundo o vosso desejo; porque falsamente vos profetizam eles em meu nome.

Edificai casas e habitai nelas: Vocês não estão em um acampamento de férias. Este é seu novo lar, construam uma casa. Talvez não seja o lugar de sua preferência, mas é aqui que habitarão. Construam alicerces e sobre eles edifiquem as suas moradias; façam o melhor que puderem. Se tudo o que vocês fizerem for sentar de braços cruzados e aguardar o dia de voltarem a Jerusalém, suas vidas atuais serão miseráveis e vazias. Cada segundo de sua vida é tão valioso quanto era nos dias em que habitavam em Jerusalém ou que será quando retornarem. O exílio na Babilônia não foi sua escolha, mas é o destino que lhes foi dado. Construam uma casa no estilo babilônio e vivam da melhor forma possível.

Plantai pomares e comei o seu fruto: Conheçam o ritmo das estações. Tornem-se parte produtiva da economia local. Vocês não são parasitas. Não esperem que os outros façam isso por vocês. Ponham as mãos no solo babilônio, sejam conhecedores do sistema de irrigação que eles utilizam. Adquiram habilidade no cultivo de frutas e vegetais nesse tipo de solo e clima. Procurem conhecer algumas receitas locais e cozinhem de acordo com elas.

Tomai esposas e gerai filhos e filhas: Essas pessoas entre as quais vocês estão vivendo não são inferiores nem superiores a vocês. São seus iguais e com elas vocês podem envolver-se no mais íntimo e responsável dos relacionamentos. Vocês não podem ser as pessoas que Deus deseja que sejam se ficarem distantes das demais. O que vocês têm em comum é muito mais importante do que aquilo que os diferencia. Elas são pessoas de Deus e sua tarefa como gente de fé é desenvolver confiança e relacionamento, amor e compreensão.

Procurai a paz da cidade para onde vos desterrei e orai por ela ao Senhor; porque na sua paz vós tereis paz: Paz — *Shalom.* Essa palavra hebraica significa totalidade, a saúde dinâmica e vibrante de uma sociedade que pulsa com um propósito divinamente inspirado e se move com um amor que transforma vidas. Busquem a paz e orem por ela. Vão em direção ao lugar onde vocês possam encontrar-se consigo mesmos, mas não nos termos dessa cidade e, sim, nas condições de Deus. *Orem.* Busquem o centro no qual a vontade de Deus está sendo realizada (que é o que fazemos quando oramos) e opere nesse centro.

A carta de Jeremias é, ao mesmo tempo, uma advertência e um desafio: "Parem de sentir pena de si mesmos. O objetivo de uma pessoa de fé não é viver da forma mais confortável possível, mas viver da maneira mais profunda e íntegra possível. Em outras palavras, é lidar com a realidade da vida, descobrir a verdade, criar o que é belo e agir em amor. Vocês não faziam isso quando estavam em Jerusalém. Por que não tentar fazer isso aqui, na Babilônia? Não dêem ouvidos às mentiras dos profetas que vivem de forma irresponsável, vendendo falsas esperanças. Vocês permanecerão na Babilônia por um longo período. É melhor fazer disso a melhor experiência possível. Não fiquem de braços cruzados aguardando uma intervenção milagrosa. Construam suas casas, cultivem o solo, casem-se, tenham filhos, orem pela paz na Babilônia e façam tudo o que estiver ao seu alcance para desenvolver integridade. O único lugar que vocês têm para manifestar sua humanidade é exatamente onde estão agora. A única oportunidade de desfrutar do viver pela fé é nas circunstâncias em que se encontram no presente: na casa em que vivem, na família em que estão, na atividade que lhes foi concedida, nas condições climáticas que prevalecem neste momento".

VIVENDO DA MELHOR MANEIRA POSSÍVEL

O exílio (viver onde não desejamos e conviver com pessoas de quem não gostamos) nos força a tomar uma decisão: Concentrarei minha atenção no que está errado no mundo ao meu redor e sentirei pena de minha pobre situação, ou concentrarei minhas energias no propósito de viver da melhor maneira possível no lugar em que me encontro? Sempre é muito mais fácil entregar-se a uma atitude de queixas e autocomiseração do que reagir de forma positiva. George Eliot, em seu romance *Felix Holt*, escreveu um brilhante comentário a esse respeito: "Está tudo errado, ele diz. Este é um grande texto. Mas ele deseja fazer tudo certo? Não ele. Ele perderia seu texto".[5]

Diariamente temos de fazer escolhas sobre como reagiremos a essas condições de exílio. Podemos dizer: "Eu não gosto daqui. Quero estar onde vivia há dez anos. Como você pode esperar que eu me entregue de corpo e alma a algo que não aprecio? Seria uma grande hipocrisia. Que sentido há em assumir riscos e fatigar-me entre pessoas de quem nem mesmo gosto, em um lugar em que não vejo futuro?".

Ou podemos dizer: "Eu farei o melhor que posso com o que tenho em mãos. Muito mais importante do que o clima, a economia e os vizinhos deste lugar é o fato de que Deus está aqui. Ele está comigo. Minhas experiências aqui acontecem em solo criado por Deus, com pessoas que ele ama. Estou apavorado. Não sei que caminho seguir e tenho muito a aprender. Não estou certo se posso suportar isso tudo. Mas todos estes sentimentos também me atormentavam quando eu vivia em Jerusalém. As mudanças são complexas e penosas. Procurar desenvolver afinidade com pessoas estranhas é sempre muito arriscado. Construir relacionamentos em um ambiente desconhecido e hostil é uma tarefa difícil. Porém, se é isso o que significa estar vivo e ser humano eu me esforçarei ao máximo para fazê-lo".

Fenelon costumava dizer que existem dois tipos de pessoas: as que olham para a vida e se queixam do que não têm e e as que olham para a vida e se alegram com o que têm.[6] Assim, a questão é esta: Viveremos com base no que possuímos ou no que não possuímos?

[5] New York: The Century, 1911, p. 301.

[6] Suas verdadeiras palavras foram: "Os pecadores sempre desejam o que lhes falta, enquanto as almas cheias de Deus somente querem o que têm". Citado por Thomas MERTON. *Conjectures of a Guilty Bystander.* Garden City: Image/Doubleday, 1968, p. 285.

CONVITE E PROMESSA

Na carta de Jeremias aos exilados há muitas palavras de advertência e conselho. Há também convite e promessa, e isso é o que, finalmente, ocupa o centro e molda a experiência no exílio: "Eu é que sei que pensamentos tenho a vosso respeito, diz o SENHOR; pensamentos de paz e não de mal, para vos dar o fim que desejais. Então, me invocareis, passareis a orar a mim, e eu vos ouvirei. Buscar-me-eis e me achareis quando me buscardes de todo o vosso coração. Serei achado de vós, diz o SENHOR [...]".

Habitualmente Jeremias fazia uso de palavras grandiosas, porém não maiores do que estas.

Algumas pessoas rejeitaram totalmente aquela mensagem. Os três profetas, por exemplo, ficaram furiosos. Semaías enviou uma contundente e agressiva carta ao sacerdote de Jerusalém, Sofonias, dizendo: "Você não pode fazer Jeremias calar a boca? Por quanto tempo mais você vai permitir que esse louco propague seu discurso delirante, pregando que este será um longo exílio? Você entende o que essas palavras provocarão nos exilados? Se as pessoas se acostumarem a viver na Babilônia e passarem a sentir-se em casa, *jamais* voltaremos a Jerusalém! Por que você não repreendeu Jeremias de Anatote?" (Jr 29:24-28).

Outros porém, talvez a maioria, aceitaram de bom grado a mensagem. Retirados de seu cotidiano pelo exílio, eles embarcaram na "busca".[7] Eles se estabeleceram ali a fim de descobrir o significado de ser o povo de Deus em um lugar em que não queriam estar, na Babilônia. O resultado dessa decisão foi o surgimento de um dos mais criativos períodos de toda a história dos hebreus. Ao contrário do esperado, eles não perderam sua identidade, mas a descobriram. O povo no exílio aprendeu a orar de forma mais profunda e transformadora, como nunca antes. Eles escreveram, copiaram e refletiram sobre a vasta revelação divina que receberam de Moisés e dos demais profetas e reconheceram a inacreditável riqueza contida nas Escrituras. Eles compreenderam que o poder de Deus não estava geograficamente limitado ou restrito a ambientes que lhes eram

[7] Walker Percy's Binx Bolling afirma: "Qualquer um pode experimentar essa busca se não sucumbir à rotina de sua própria vida [...] Tornar-se consciente da possibilidade dessa busca é estar em algo. Não estar em algo resultará em desespero" (*The Moviegoer*. Nova York: Avon Books, 1980, p. 18).

familiares. A violenta mudança provocada pelo exílio abriu-lhes os olhos para que enxergassem a realidade confortável, porém distorcida, da vida que tinham antes, levando-os a vislumbrar profundidades e alturas nunca antes imaginadas. Eles perderam tudo o que julgavam importante e descobriram o que, realmente, importava: descobriram o verdadeiro Deus.

O exílio desnudou o estilo de vida que tinham e mostrou todo o vazio nele existente. Nunca mais eles voltariam a viver somente para garantir o pão de cada dia. A Palavra de Deus tornou-se o alimento essencial. Eles compreenderam que a dramática mudança de vida instalou-se somente nas estruturas do dia-a-dia — casas, plantações, casamentos e filhos. Quando Jeremias os instruiu a construir casas, cultivar a terra e formar famílias, eles entenderam que isso não significava ser absorvido pela Babilônia, pois, se fosse assim, haveria somente a repetição dos pecados de Jerusalém na Babilônia. Os exilados abraçaram o cotidiano, mas não foram absorvidos por ele. Eles não permitiram que as tarefas e rotinas da vida os entorpecessem, antes oraram e buscaram. Essa busca valeu a pena, pois perceberam a textura da vida, tornaram-se sensíveis aos pequenos detalhes da existência humana que aguardavam apenas um olhar que os notasse, um ouvido que os escutasse, uma mente que os considerasse merecedores de alguma atenção.

O exílio foi a "prova de fogo para a fé do povo de Israel".[8] Eles foram levados ao limite da existência onde pensaram estar pendurados na ponta dos dedos e descobriram que, na realidade, haviam sido levados ao centro, onde Deus estava. Os exilados experimentaram não uma vida de sobrevivência, mas de abundância. Agora eles podiam enxergar com clareza que a vida que outrora tinham, aquela sim, era de sobrevivência. Uma existência à margem de tudo, absorvida pelo consumo e pelos modismos, repleta de rituais vazios e exploração insensível. O exílio os levou das extremidades para o centro, onde a vida e a morte, o amor e o significado, o propósito e o valor criavam um viver dinâmico, onde participavam do futuro de Deus para eles.

[8] J. A. SANDERS. *Interpreter's Dictionary of the Bible*, vol. 2, p. 188.

[9] *Lion in the Garden*. Entrevistas editadas por James B. MERRIWEATHER e Michael MILLGATE. Nova York: Random House, 1968, p. 108.

Isso permanece ainda hoje. O exílio é o pior que revela o melhor. "É difícil acreditar que a tragédia pode ser boa", afirma William Faulkner.[9] Quando o supérfluo é removido, descobrimos o essencial; e o essencial é Deus. Uma vida normal é repleta de distrações e coisas sem importância. Então surgem as catástrofes: mudanças, exílio, doenças, acidentes, desemprego, divórcio, morte. A realidade de nossa vida é modificada sem nenhuma consulta prévia ou permissão. Não estamos mais em casa.

Todos nós passamos por momentos, dias, meses ou anos de exílio. Que faremos com essas experiências? Desejaremos estar em outro lugar? Reclamaremos? Fugiremos para o mundo das fantasias? Vamos nos embriagar para esquecer a realidade? Ou construir uma casa, cultivar o solo, constituir uma família e buscar a paz do lugar em que habitamos e das pessoas com as quais convivemos? O exílio revela o que na verdade importa e nos torna pessoas livres para perseguir isso, isto é, buscar a Deus de todo o nosso coração.

06/09/2009

13 AMIGO É PRA ESSAS COISAS

Estando ele à Porta de Benjamim, achava-se ali um capitão da guarda, cujo nome era Jerias, filho de Selemias, filho de Hananias, capitão que prendeu a Jeremias, o profeta, dizendo: Tu foges para os caldeus. ... Tendo Jeremias entrado nas celas do calabouço, ali ficou muitos dias. Mandou o rei Zedequias trazê-lo para sua casa e, em secreto, lhe perguntou: Há alguma palavra do SENHOR? ... Ouviu Ebede-Meleque, o etíope, eunuco que estava na casa do rei, que tinham metido a Jeremias na cisterna; ora, estando o rei assentado à Porta de Benjamim, saiu Ebede-Meleque da casa do rei e lhe falou: Ó rei, senhor meu, agiram mal estes homens em tudo quanto fizeram a Jeremias, o profeta, que lançaram na cisterna; no lugar onde se acha, morrerá de fome, pois já não há pão na cidade. ... Puxaram a Jeremias com as cordas e o tiraram da cisterna; e Jeremias ficou no átrio da guarda.

JEREMIAS 37:13,16-17; 38:7-13

Devo manifestar certa impaciência com a apagada equação, nunca sugerida por mim, sobre o termo identidade, que acompanha a pergunta: "Quem sou eu?". Ninguém faria essa pergunta a si mesmo, exceto se estivesse em estado mórbido, ou em período de criativa autoconfrontação, ou na adolescência, combinando os dois, motivo pelo qual, em certas ocasiões, pergunto a um estudante que reclama estar vivendo uma "crise de identidade" se aquilo é reclamação ou mostra de ostentação. A questão pertinente, se colocada na primeira pessoa, deveria ser: "O que desejo fazer de mim e o que preciso trabalhar em mim?".

ERIK H. ERIKSON[1]

[1]*Identity, Youth and Crisis.* New York: W. W. Norton and Co., 1968, p. 314.

Em sua grande maioria, as personalidades mencionadas em livros históricos são lampejos coloridos que iluminam um dado episódio e em seguida são completamente esquecidos. Quantos são capazes de lembrar o nome do homem que ocupava o cargo de secretário de Estado dos Estados Unidos há dez anos — certamente um dos mais prestigiosos cargos do mundo? Quem pode mencionar o nome do autor que mais livros vendeu há cinco anos? Porém, a importância de algumas poucas pessoas, em vez de esmaecer, reluz mais intensamente a cada século. Sua importância brilha mais não porque desempenharam um relevante papel na sociedade ou participaram de um evento notável. Eles se tornaram *humanos* num sentido profundo e completo. Esses poucos, nas palavras de R. P. Blackmur "mostraram uma força atrativa, intensa e inesgotável, uma força disseminadora que é uma interminável primavera ou uma eterna declaração de valor. O homem é um montículo a ser aplainado (como geralmente é) ou uma montanha a ser escavada por todos os lados".[2]

Jeremias foi "uma montanha a ser escavada por todos os lados". Ele foi o centro de uma época; o principal participante nos eventos que se tornaram o pivô de um milênio. A era de Jeremias é um centro nervoso que lança suas ramificações em todas as direções da existência humana, seja a filosofia, a religião, a política ou a arte. Tanto na China como na Índia, em Israel e na Grécia aquela era lançou os alicerces da história universal. Karl Jaspers descreve o século de Jeremias como o "o eixo do tempo" (*Achsenzeit*).[3]

[2] R. P. Blackmur. *Henry Adams*. New York: Harcourt Brace Jovanovich, 1980, p. 3.

[3] F. H. Heinemann. *Existentialism and the Modern Predicament*. Londres: Adam and Charles Black, 1954, p. 67. Seus contemporâneos não tinham como ter conhecimento disso, mas Jeremias foi a estrela mais brilhante entre o que os estudiosos, séculos mais tarde, veriam como uma constelação de líderes religiosos, estrategicamente espalhados pelo mundo. Os séculos VII e VI a.C. foram séculos renascentistas no tocante à alma e a Deus. Em outras partes do mundo Zaratustra começava uma nova religião na Pérsia; Lao-Tse formulava o taoísmo na China; Buda dava início ao grande movimento refor-

O profeta foi manchete. Sua percepção teológica, sua sensibilidade religiosa, seu poder de retórica, sua influência emocional, sua corajosa confrontação, foram suas características históricas. Entretanto, o interesse primário das pessoas de fé por Jeremias não está em seu impacto histórico, mas em seu desenvolvimento pessoal.

Somente umas poucas pessoas se fazem manchete na história, mas qualquer um pode se tornar humano. Será que é possível ser grande quando você está levando o lixo para fora, assim como quando você está assinando um tratado de paz? É possível exibir graça quando se está cozinhando, assim como quando se participa de um debate televisivo transmitido em rede nacional?

Certa vez conheci um homem que tinha uma presença pública dominadora e um notável carisma sobre todos os que encontrava. Tudo o que dizia era importante. Ele tinha *influência*. Sempre estava impecavelmente vestido e comportava-se com infalível polidez. Porém, suas ordens rudes e imperativas com freqüência levavam sua secretária às lágrimas. Nos bastidores aquele homem era um tirano insensível. Sua imagem pública era impecável, mas seus relacionamentos pessoais eram medíocres.

Como Jeremias lidava com as pessoas no dia-a-dia? Como seria estar com ele quando não estava pregando um sermão, refletindo ou desafiando os poderes constituídos? A reflexão de séculos provê um comovente consenso: Jeremias tornou-se humano em um complexo e maduro sentido *pessoal*. Um exame das pessoas com as quais ele teve de lidar fortalece nosso conceito de sua "plena humanidade", expressão de Abraham Maslow para nossos destinos raramente compreendidos.[4]

Nos capítulos 37 a 39 de Jeremias, eventos históricos e decisivos são narrados. A história mundial toma forma diante de nossos olhos. A nação é radicalmente alterada. Poderosas realidades teológicas emergem. Jeremias está no meio de tudo isso. Mas o profeta, embora não estivesse alheio às grandes questões,

mista na Índia. Na Grécia, os filósofos Thales e Anaximandro estabeleciam os alicerces da filosofia grega. Em todo o mundo havia anseio, fome e sede de justiça. A reflexão e uma ardente expectativa pareciam caracterizar as figuras centrais das civilizações na China, Índia, Pérsia e Grécia. Na Palestina essa figura foi Jeremias.

[4] *The Farther Reaches of Human Nature*. New York: Viking Press, 1971, p. xvi.

lida com *pessoas* dotadas de *nomes*. Pessoas são a matéria-prima da vida de fé diária de Jeremias. Toda vida de fé, seja notável ou obscura, é desenvolvida no contexto de pessoas em nada diferentes daquelas com quem o profeta andou ombro a ombro. Distante das grandes idéias que consideramos, nos grandes movimentos de que participamos, nas tarefas que realizamos, pessoas constituem grande parte da agenda de nossa vida. Três homens na vida de Jeremias são representativamente importantes: Jerias, o sentinela, Zedequias, o rei e Ebede-Meleque, o eunuco.

JERIAS, O SENTINELA

A cidade estava sob o ataque final dos babilônios. Sua queda estava próxima. Jeremias havia aconselhado aos líderes e pregado ao povo dizendo que a presença do exército babilônio era o julgamento de Deus. Portanto, eles deveriam submeter-se e aceitá-lo. O povo de Israel havia pecado e agora estava sendo julgado. O julgamento era a maneira de Deus restaurar a integridade.

Mas as pessoas não gostaram daquilo. Elas continuaram tentando descobrir formas de evitar a realidade do julgamento, de pensar em outras questões que não fossem o certo e o errado, o pecado e a irresponsabilidade. Uma das formas que encontraram para fazer isso foi pensar em termos de fidelidade e infidelidade. O patriotismo passou a ser usado para confundir o sentido de moralidade: "Nossa amada pátria está sendo atacada e devemos ser fiéis a ela; em tempos de crise não é correto fazer críticas aos líderes. Isso seria infidelidade, um ato de traição".

Fazer uso de linguagem chauvinista é muito mais fácil do que assumir a responsabilidade pela retidão no país. Mais fácil ainda é gritar chavões patrióticos em vez de lutar patrioticamente pela justiça.

Certo dia, Jeremias estava deixando o portão da cidade em direção à sua cidade natal, Anatote, distante cerca de cinco quilômetros dali. Jerias, o sentinela, prendeu-o sob a acusação de que estava desertando para as fileiras do inimigo.

Jeremias tinha vivido em Jerusalém toda a sua vida adulta. Tinha sido uma figura pública por cerca de trinta anos. Ele havia demonstrado ser amigo leal e conselheiro do grande rei Josias. Jamais rejeitou ou repudiou sua identidade como judeu ou eximiu-se de qualquer uma das obrigações relativas aos membros daquela comunidade. Para qualquer um que o conhecesse, ele, obviamente, não era um simpatizante do inimigo, um vira-casacas, mas um homem em agonia.

Jerias conduziu o homem que havia prendido aos seus superiores, aos príncipes, que o açoitaram e o trancafiaram no cárcere. Aparentemente eles aguardavam um incidente qualquer que pudesse ser usado como desculpa para prender Jeremias. Jerias, dotado dos indiscriminados reflexos de um cão de guarda, fez o serviço.

Jerias era um homem que usava sua posição para escapar às suas responsabilidades como pessoa. Ele era um burocrata no pior sentido da palavra; uma pessoa que se esconde atrás das regras e prerrogativas de um cargo para realizar um trabalho que destrói pessoas. Sem considerar a moralidade ou a justiça, Deus ou o indivíduo, ele cumpriu seu trabalho. Encontramos pessoas desse tipo a todo instante. Diariamente pessoas são machucadas e humilhadas em seu local de trabalho, na escola e nas repartições públicas por homens que evitam olhá-las nos olhos, escondendo-se atrás de regulamentos, memorandos e comitês.

Jerias era o tipo de pessoa que Herman Melville, em seu romance *The Confidence Man*, descreve com grande desprezo como "o homem medíocre, o inestimável subalterno dos perversos. Você, homem medíocre, pode ser usado para o mal, mas é inútil para o bem".[5] Jerias, com toda a certeza, teria protestado com veemência afirmando que pessoalmente não tinha nada contra o profeta, mas estava apenas cumprindo ordens.

No século XX, o mais famoso exemplo de alguém semelhante a Jerias foi Adolf Eichmann, figura-chave no extermínio de seis milhões de judeus na Alemanha nazista. Durante seu julgamento em Jerusalém, ficou claro que ele não tinha nada contra os judeus; ele estava apenas fazendo seu trabalho. Pessoalmente não nutria em seu íntimo nenhum traço de ódio contra aquelas pessoas, sendo simplesmente obediente às ordens de seus superiores. Hannah Arendt cunhou a expressão "banalidade do maligno" para descrevê-lo.[6] Um mal incalculável emana dessas fontes pouco promissoras: quietas, eficientes, simples pessoas fazendo

[5] New York: New American Library, Signet Classics, 1964, p. 119.
[6] *Eichmann in Jerusalem*. New York: Viking Press, 1963.

seu trabalho, homens que há muito desistiram de pensar em si mesmos como indivíduos morais e responsáveis.

Jeremias reagiu contra Jerias com implacável resistência. Ele não vociferou maldições. Nem mesmo ameaçou ou rebelou-se. Em contrapartida, não era nenhum capacho sem vida. Ele afirmou sua inocência e permaneceu firme; aceitou o estúpido ato de injustiça, ao que parece, com tranqüilidade e perseverou em sua vocação.

ZEDEQUIAS, O REI

Zedequias não era propriamente o rei, mas apenas uma marionete designada pelos babilônios. O rei de direito, Jeoaquim, havia sido levado para o exílio em 598 a.C. com a maioria dos líderes da cidade. Seu tio, Zedequias, foi o escolhido para substituí-lo no trono, onde permaneceu por onze anos. Ao longo desse período de reinado ele manteve freqüentes diálogos com Jeremias. O profeta fora muito ligado a seu irmão, o grande Josias, e a seus sobrinhos, os reis Jeoaquim e Joaquim.

Zedequias nutria por Jeremias sentimentos ambíguos. Ele o respeitava. Como seria possível não respeitá-lo? Sua estatura era imensa, sua integridade impressionava e sua coragem era lendária. Mas o profeta era também causa de constrangimento, pois Zedequias permitia cercar-se da habitual multidão de subservientes bajuladores, que buscavam de todas as maneiras obter vantagens de sua associação com o rei. Ele tinha certeza de que Jeremias sentia um silencioso desprezo por essas pessoas.

Sendo fraco e inseguro, é provável que Zedequias tenha sido o escolhido para reinar porque os babilônios sabiam que ele não tinha vontade própria e se submeteria a tudo o que lhe fosse ordenado. O que não perceberam, porém, é que ele seria facilmente induzido por qualquer um que estivesse a seu lado. Quando os exércitos inimigos foram embora e ultranacionalistas da pior espécie começaram a surgir com planos para acabar com o domínio da Babilônia por meio de uma aliança com o Egito, Zedequias foi facilmente persuadido a apoiar. Algumas vezes ele era acometido de crises de consciência e mandava chamar Jeremias para uma consulta, prestando atenção à palavra profética por um breve período de tempo. Entretanto, nada durava muito com Zedequias. Ele era como uma massa de modelar. Deixava-se influenciar por qualquer um que falasse mais alto com ele. Quando a pressão arrefecia, gradualmente voltava a seu estado inicial, pronto para ser influenciado novamente. Em contraste com Jeremias que foi moldado em seu íntimo pela obediência e pela fé em Deus (uma coluna de ferro!), Zedequias assumia a forma que as circunstâncias exigissem.

Zedequias foi uma prova incontestável de que boas intenções são inúteis quando não vêm acompanhadas de um caráter maduro. Não nos tornamos pessoas íntegras apenas pelo desejo de assim ser, por consultar os profetas certos ou por ler os livros adequados. Intenções se transformam em compromisso quando nos tornamos pessoas com idéias definidas, com caráter e substância.

Após Jerias levar o profeta diante dos príncipes e estes o lançarem na prisão, Zedequias mandou que o trouxessem até seu palácio para uma conversa. Ele fez isso em segredo por temer a reação dos príncipes. Não podia, porém, ignorar o profeta por acreditar que ele pudesse lhe revelar alguma verdade importante. Mais tarde, enfurecidos por Jeremias estar pregando de sua cela, os príncipes jogaram-no em uma cisterna. Zedequias não tomou nenhuma atitude para evitar isso.

O rei era um perfeito fantoche à mercê dos desejos daqueles que o cercavam. Zedequias submetia-se aos planos que pessoas influentes criavam para ele. Não há evidências de que ele agia dolosamente, com premeditação. Porém, e este é o fato importante, também não há sinais de que ele planejava o bem. O fato é que o bem não acontecia. Bondade não surge apenas de boas intenções. O bem requer cuidado constante, disciplina, exercício, longo cultivo. Zedequias não era o tipo de pessoa capaz de fazer isso.

Talvez esse rei tenha sido uma das pessoas mais difíceis com quem Jeremias teve que lidar em toda a sua vida. Certo rei, Josias, tinha sido seu amigo íntimo, enquanto outro rei, Jeoaquim, seu inimigo implacável. Entretanto, Zedequias não tinha forma definida: não se podia contar com ele para nada, nem para o bem, nem para o mal. Apesar disso, Jeremias mantinha seu testemunho sob a fidelidade a seu Deus, distante da inconstância de seu rei.

EBEDE-MELEQUE, O EUNUCO

Ebede-Meleque era um estrangeiro, um homem negro vindo da Etiópia e um funcionário administrativo do governo. Quando ele soube que Jeremias havia sido lançado na cisterna, logo percebeu que o profeta morreria caso não fosse retirado a tempo. Embora a cisterna estivesse sem água, havia nela muito barro e lodo, e Jeremias estava afundando. Logo ele morreria sufocado ou pela exposição à insalubridade do local.

Então, o eunuco foi até o rei e confrontou-o com a injustiça que havia tolerado. O rei lhe deu autorização para realizar uma operação de resgate. Ebede-Meleque levou três homens consigo, pegou cordas, foi ao guarda-roupa do palácio e tomou trapos e roupas velhas, indo depois para a cisterna. Ele desceu as roupas até Jeremias no fundo da cisterna, dizendo-lhe que as colocasse nas axilas a fim de não ser ferido pelas cordas quando fosse retirado. Ele salvou Jeremias.

Jeremias nunca foi muito popular, nem cercado de aplausos e apreciação. Entretanto, isso não significava que não tivesse amigos. De fato, Jeremias foi extremamente abençoado em suas amizades. Cerca de vinte anos antes, sob o reinado de Jeoaquim, o profeta quase foi assassinado, mas a oportuna intervenção de Aicão, filho de Safã, foi determinante para salvar-lhe a vida (Jr 26:24). Baruque era seu discípulo e secretário, leal e fiel, sempre junto do profeta mesmo em tempos difíceis. E Ebede-Meleque, o eunuco etíope, veio em seu socorro. Henry Adams escreveu: "Um amigo durante a vida é suficiente; dois é muito e três, algo difícil de ocorrer".[7] Jeremias teve três.

O eunuco arriscou a própria vida ao resgatar Jeremias. Por ser estrangeiro ele não tinha nenhum direito legal. Ademais, estava indo contra a opinião popular em meio a uma crise histérica própria de tempos de guerra. Nada disso, contudo, importava. Um amigo é um amigo. Ebede-Meleque não ficou de braços cruzados em vã piedade, lamentando filosoficamente o destino do profeta. Antes, foi até o rei, preocupou-se até em pegar roupas e trapos para que as cordas não ferissem Jeremias, apresentou-se para o socorro e participou ativamente do resgate. Ele pôs em prática sua amizade.

Naquele ano nem todos se preocupavam apenas em fazer seu trabalho. Nem todos estavam velejando ao sabor dos ventos da opinião pública. Para algumas pessoas um amigo era muito mais importante do que o emprego, do que obter van-

[7] *The Education of Henry Adams*. New York: Houghton Mifflin, 1918, p. 312.

tagens egoístas. Acima de tudo, um amigo significava um compromisso pelo qual valia a pena arriscar-se.

O simples fato de ter amigos demonstra algo essencial sobre Jeremias: ele *precisava* de amigos. Ele era maduro em sua vida interior. Era impossível demovê-lo de seu curso por meio da inimizade ou da bajulação. Jeremias estava habituado à solidão. Entretanto, necessitava de amigos. Integridade não é sinônimo de auto-suficiência. A vida plena e íntegra não pode ser vivida com uma independência arrogante. Nosso objetivo não pode ser viver sem auxílio algum. Uma das evidências da integridade de Jeremias foi sua capacidade de receber amizades, de permitir que outros o ajudassem, de ser acessível à compaixão. É muito mais fácil estender a amizade aos outros do que recebê-la. Ao conceder nossa amizade, nós compartilhamos força, porém ao aceitá-la, demonstramos fraqueza. Entretanto, pessoas maduras interiormente jamais se escondem atrás de dogmas ou projetos, estando sempre abertas a um amplo espectro de amizades.

As idéias teológicas, as forças históricas e as causas nobres que tocaram a vida de Jeremias jamais permaneceram ou se tornaram abstratas, mas foram forjadas com gente, com pessoas que tinham um nome. Ele nunca usou rótulos, reduzindo os outros a categorias impessoais. Por isso não surpreende descobrir que há mais nomes próprios no livro de Jeremias do que em qualquer outro livro profético.[8]

[8] Contando apenas os nomes dos contemporâneos de Jeremias que aparecem na narrativa, cerca de sessenta pessoas são mencionadas. Não é possível ser preciso quanto a esse número já que em dois ou três exemplos os nomes podem ser variantes referindo-se a mesma pessoa. Sessenta nomes, com variação de mais ou menos dois ou três, me parece um número extraordinário em tão breve narrativa.

14 TÃO BÍBLICO QUANTO PRÁTICO

Comprei, pois, de Hananeel, filho do meu tio, o campo que está em Anatote; e lhe pesei o dinheiro, dezessete siclos de prata. Assinei a escritura, fechei-a com selo, chamei testemunhas e pesei-lhe o dinheiro numa balança. ... porque assim diz o SENHOR dos Exércitos, o Deus de Israel: Ainda se comprarão casas, campos e vinhas nesta terra. Depois que dei a escritura da compra a Baruque, filho de Nerias, orei ao SENHOR, dizendo: Ah! SENHOR Deus, eis que fizeste os céus e a terra com o teu grande poder e com o teu braço estendido; cousa alguma te é demasiadamente maravilhosa. ... Eis aqui as trincheiras já atingem a cidade, para ser tomada; já está a cidade entregue nas mãos dos caldeus, que pelejam contra ela, pela espada, pela fome e pela peste. O que disseste aconteceu; e tu mesmo o vês. Contudo, ó SENHOR Deus, tu me disseste: Compra o campo por dinheiro e chama testemunhas, embora já esteja a cidade entregue nas mãos dos caldeus.

Então, veio a palavra do SENHOR a Jeremias, dizendo: Eis que eu sou o SENHOR, o Deus de todos os viventes; acaso, haveria cousa demasiadamente maravilhosa para mim? ... Porque assim diz o SENHOR: Assim como fiz vir sobre este povo todo este grande mal, assim lhes trarei todo o bem que lhes estou prometendo. Comprar-se-ão campos nesta terra, da qual vós dizeis: Está deserta, sem homens nem animais; está entregue nas mãos dos caldeus. Comprarão campos por dinheiro, e lavrarão as escrituras, e as fecharão com selos, e chamarão testemunhas na terra de Benjamim...

JEREMIAS 32:9-10,15-17,24-27,42-44

Eu posso fixar flores artificiais numa árvore, flores que não florescerão, ou posso criar as condições para que a árvore floresça naturalmente. Talvez eu tenha de esperar um longo tempo para ter minhas flores reais, mas elas serão as únicas verdadeiras.

JOHN FOWLES[1]

[1] *The Aristos*. Boston: Little, Brown and Co., 1964, p. 50.

A palavra *prático* foi removida do uso comum e considerada uma virtude. Descrever uma pessoa como prática é fazer um grande elogio. Dizer que uma pessoa não é nada prática é o mesmo que considerá-la sem valor. Virtudes antigas como justiça e coragem, amor e fé sobrevivem na obscuridade, enquanto que a emergente virtude, a praticidade, reclama para si o posto mais alto entre nossos valores.

A cultura americana tem contribuído de muitas maneiras para a valorização desse adjetivo. A marca registrada dos Estados Unidos é a praticidade. Os americanos têm divulgado por todo o mundo sua obstinada busca do que é prático. Somos rápidos; utilizamos bem nosso tempo. Somos eficientes; não desperdiçamos energia. Temos os pés no chão; não nos envolvemos em esquemas muito arriscados. Nós fazemos as coisas acontecerem. Temos solução para tudo. E se como indivíduos não somos capazes de alcançar esses altos padrões, passamos a admirar os que conseguem. Lideramos o mundo pelo conhecimento de como solucionar os problemas da forma mais prática possível.[2]

BÍBLICO E PRÁTICO

Eu aplaudo essa ênfase. Essa exortação a ser prático é básica na fé cristã. De fato, pode-se até afirmar que *bíblico* e *prático* são essencialmente sinônimos. Se algo é prático, então é bíblico, e vice-versa. A fé bíblica rejeita, decidida e firmemente, qualquer conduta ou pensamento que diminua nossa capacidade de agir como

[2] Mesmo no campo do discurso filosófico — que não pareceria altamente prático — temos dado nossa inconfundível contribuição americana ao pensar como fazer as coisas acontecerem, em compreender como se pode realizá-las. O pragmatismo de William James e o instrumentalismo de John Dewey levaram a um amplo espectro a partir de algo que se assemelha a uma torre de marfim e que persegue as preocupações comuns de uma pessoa prática. "Não é exagero dizer que na vida intelectual da América o pensamento irrelevante sempre foi considerado um pecado cardeal" (John E. SMITH, *The Spirit of American Philosophy*. Nova York: Oxford University Press, 1963, p. vii).

seres humanos no tempo e no espaço. Idéias que conduzem a uma dissociação entre Deus e suas criaturas são falsas. Orações ou atos de devoção que nos desligam do aqui e agora são espúrios. A fé bíblica em todos os lugares sempre adverte contra o canto de sereia que leva as pessoas a se alienarem, afastando-se de um envolvimento específico e diário com o clima e a política, com os vizinhos e os animais de estimação, com as listas de compras e com as obrigações do trabalho. Nenhuma vida espiritual verdadeira pode ser removida ou subtraída deste mundo de elementos químicos e moléculas, onde atos simples como pagar as contas ou levar o lixo para fora são rotina.[3]

Mas, se por um lado eu aprovo a ênfase na praticidade e descubro que ela é profundamente bíblica, por outro eu me vejo freqüentemente em desacordo com o que se supõe ser prático. Sou um entusiasta na busca do que é prático em nossa sociedade, porém há muita confusão e ignorância quanto ao significado do que é ser realmente prático. Nessa confusão e falta de conhecimento, grandes multidões têm vidas nada práticas e adotam atitudes que contrariam essa idéia, apesar de acharem que são pessoas objetivas, coerentes e práticas.

A PRATICIDADE DE JEREMIAS

Jeremias foi uma das pessoas mais práticas que já existiram. Todas as suas idéias e crenças foram transformadas em ações, e suas ações acertaram tão bem o alvo que a história de sua época foi, em grande parte, a extensão de sua própria história pessoal. Uma das coisas mais práticas que ele fez foi comprar um terreno por dezessete siclos de prata. À época, todos o julgaram louco e insensato. As pessoas que testemunharam a compra acharam que Jeremias estava fazendo um péssimo negócio.

Com freqüência, o senso prático de Jeremias entrava em conflito com a ausência desse mesmo senso nas pessoas que viviam a seu redor. Ele estava convencido

[3] "Eu estava conversando com David Riesman há algumas semanas, e ele disse que soluções, análises e diagnoses apocalípticas não lhe interessavam, verdadeiramente, porque eram as pequenas coisas do dia-a-dia, como apanhar o lixo em uma vila, que justificavam a vida, e os valores, finalmente, assumem suas formas a partir destes milhares de pequenos esforços, de pequenas decências, de pequenas organizações, que fornecem a *base* para a continuidade social" (*Robert Penn Warren Talking*, Interviews 1950-1978. Floyd C. WATKINS & John T. HIERS [eds.]. Nova York: Random House, 1980, p. 192).

de que vivia em meio a uma criação que fora idealizada para funcionar com excelência — uma criação *prática*. Todas as coisas eram importantes — o que acontecia às pessoas, flores, montanhas e tudo o mais. É uma afronta contra Deus quando as coisas não funcionam, quando as pessoas vivem mal. É uma infâmia substituir o amor sincero e a fé em Deus por uma postura hipócrita e falsa. Enormes feridas são abertas no corpo da criação quando o pobre e o desventurado, criaturas de Deus, são cruelmente explorados.

O senso prático de Jeremias foi edificado sobre a crença de que Deus é a mais importante realidade com a qual ele e as pessoas que com ele conviviam tinham de lidar. Ele repetiu isso de modo persistente e convincente durante toda a sua vida. Ele acreditava que cada pessoa fora criada para ter um relacionamento pessoal com Deus e que, sem o reconhecimento e o devido cuidado desse relacionamento, teríamos vidas falsas e, portanto, não práticas. As pessoas tentam ser boas longe da presença de Deus e isso não funciona. Nós procuramos viver a vida boa e não a vida de Deus e isso também não funciona. O desperdício de nossa vida mal dimensionada é assustador, e Jeremias sentiu-se atemorizado com isso, já que é impossível viver assim sem desastrosas conseqüências. Jeremias suplicou: "Nos lugares altos, se ouviu uma voz, pranto e súplicas dos filhos de Israel; porquanto perverteram o seu caminho e se esqueceram do SENHOR, seu Deus. Voltai, ó filhos rebeldes, eu curarei as vossas rebeliões" (Jr 3:21-22). A realidade não pode tolerar o irreal. Coventry Patmore advertiu: "A natureza, incluindo a humana, não suportará qualquer contradição absoluta. Ela deve ser convertida, não violada".[4]

As súplicas do profeta foram ignoradas e o julgamento não tardou. Os exércitos babilônios tomaram a cidade de assalto e enviaram os principais líderes para o exílio. Onze anos se passaram (598 a 587 a.C.) nos quais o povo que foi deixado conseguiu desfrutar de alguma liberdade pessoal, permanecendo, porém, politicamente sujeitos à Babilônia. Eles podiam ter vivido com dignidade naquelas condições, mas depois de muitos anos de inquietação e agitação, começaram a planejar a expulsão dos babilônios ao se aproximarem do Egito em busca de

[4] *The Rod, the Root and the Flower*. Freeport: Books for Libraries, 1968, p. 52.

uma aliança. Isso não funcionou. Essa tentativa de conspiração provocou a represália da Babilônia. Os egípcios perceberam que não iam obter nenhum lucro com a aliança e recuaram. Judá foi inundada com o poderio militar dos babilônios. Foi um dos períodos mais sombrios de toda a sua história. Parecia que o Juízo Final era iminente. Em questão de semanas, talvez alguns dias, a cidade seria pilhada e todos seriam enviados para o exílio. Não havia mais nenhuma esperança.

Durante aquele período, Jeremias foi mantido na prisão sob a falsa acusação de ter colaborado com o inimigo. Devido ao clima de histeria provocado pelo conflito, essa acusação absurda foi considerada verdadeira. O profeta era, assim, uma figura muito impopular e por isso, no que dependesse do povo, a prisão não seria um lugar inadequado para ele. Naquela prisão — devemos imaginar um tipo de confinamento aberto nas dependências do palácio, onde permanecia à vista de todos e podia receber visitas — Jeremias fez o que à época pareceu pura loucura: ele comprou um campo por dezessete siclos de prata que, aparentemente, nada valia.

Aquele pareceu um negócio absurdo porque, ao tempo em que o profeta adquiriu o campo, os exércitos inimigos estavam acampados naquela área. Ele próprio estava aprisionado sem perspectivas de ser libertado. O inimigo estava investindo contra os muros da cidade e prestes a enviar todo o povo para o exílio. Nesse contexto Jeremias comprou um campo no qual nunca plantaria uma oliveira, jamais podaria uma videira ou edificaria uma casa — uma área que provavelmente sequer veria.

Por que ele fez isso? Pela mais prática das razões: ele comprou o campo porque acreditava que as tribulações e dificuldades que todos atravessavam naquele momento da história estavam sendo usadas por Deus e que, no devido tempo, se revelariam como a salvação daquela terra. A realidade essencial para Jeremias não era o fato de que os exércitos inimigos estavam acampados naquele campo em Anatote (muito embora isso fosse realidade), mas que Deus estava usando aquele pedaço de terra para cumprir suas promessas. Ele comprou aquela área como um investimento no próximo projeto de Deus para Israel, um negócio que, como sabemos hoje, revelou-se admiravelmente lucrativo. Chesterton escreveu: "Ter esperança quando o horizonte mostra-se promissor é comum e fácil. Somente quando a situação parece desesperadora e não pode mais ser revertida é que a verdadeira esperança começa a se fortalecer. Como todas as virtudes cristãs, isso é tão irracional quanto indispensável".[5]

Jeremias havia pregado o julgamento de Deus por anos a fio. Agora que o julgamento era iminente, ele passa a dirigir a atenção para o propósito daquela tribulação, ou seja, preparar as pessoas para receber a promessa da salvação. Ele não ficou repetindo, dedo em riste: "Eu não avisei?". Ele não ficou apontando, presunçosamente, as notáveis evidências de que estava certo. Muito menos ficou interessado em solidificar a reputação de prognosticador infalível. Também não ficou discorrendo sobre uma lista de previsões já cumpridas. Ele era um homem prático, interessado apenas em como os propósitos de Deus poderiam preencher o presente, substituindo a futilidade que, como neblina, envolvia a cidade, pela esperança. Ele não se deteve para apreciar a derrota de seus detratores. Seu objetivo diante de Deus era outro.

No momento em que o julgamento era iminente, Jeremias pronunciou uma palavra de esperança. Há mais aqui do que babilônios no portão: Deus está no meio deles. O julgamento é aqui, porém não se desesperem. É o julgamento de Deus. Enfrentem-no. Aceitem o sofrimento, vivenciem a ação purificadora. Deus não está contra vocês, mas atua a seu favor. O Senhor não está rejeitando, mas trabalhando em sua vida. "É tempo de angústia para Jacó; ele, porém, será salvo dela" (Jr 30:7). "Por que gritas por motivo da tua ferida? [...] Porque te restaurarei a saúde e curarei as tuas chagas, diz o SENHOR" (Jr 30:15,17).

O julgamento não é a palavra final e nunca será. Ele é necessário em virtude de séculos de corações endurecidos. Sua função é abrir nossos corações para a realidade que existe além de nós, para romper a couraça da auto-suficiência, de modo que possamos experimentar a abundante graça do Deus misericordioso que perdoa e restaura: "[...] O povo que se livrou da espada logrou graça no deserto. [...] Com amor eterno eu te amei; por isso, com benignidade te atraí. Ainda te edificarei, e serás edificada, ó virgem de Israel! Ainda serás adornada com os teus adufes e sairás como o coro dos que dançam" (Jr 31:2-4). Esta não é a linguagem fria dos tribunais, tampouco é a palavra irada da represália ou da vingança. É a ternura pessoal de um pai: "Não é Efraim meu precioso filho, filho das

[5] *Heretics*. London: Bodley Head, 1905, p. 114.

minhas delícias? Pois tantas vezes quantas falo contra ele, tantas vezes ternamente me lembro dele; comove-se por ele o meu coração, deveras me compadecerei dele, diz o SENHOR" (Jr 31:20)

Quando as pessoas viviam em prosperidade, supunham que nada poderia interromper ou perturbar suas carreiras bem-sucedidas. Durante aqueles anos, Jeremias pregou sobre o julgamento que haveria de vir. Agora que a calamidade as cercava, elas acreditavam que nada poderia mudar aquele destino. Enquanto os exércitos babilônios estavam pondo abaixo os muros da cidade e relatórios sobre a invasão devastadora do inimigo eram atualizados de hora em hora, Jeremias, de sua prisão palaciana, pregava a seguinte mensagem: "Há esperança para o teu futuro, diz o SENHOR" (Jr 31:17).

Entretanto, a mensagem de esperança foi tão rejeitada quanto a mensagem sobre o julgamento vindouro. E pela mesma razão: qualquer coisa que não seja confirmada pelos jornais e pelos boletins extraordinários divulgados pela imprensa é classificada como inverossímil.

O CAMPO EM ANATOTE

Certo dia, enquanto tudo isso acontecia, o primo de Jeremias, Hananeel, foi até o pátio da guarda onde o profeta estava encarcerado e ofereceu-lhe como opção de compra um pedaço de terra em Anatote, a cidade natal de Jeremias, localizada a cerca de cinco quilômetros a nordeste de Jerusalém. Será que Hananeel estava falando sério? Estaria ele zombando do profeta? Os exércitos do inimigo estavam acampados por toda aquela área. É como se alguém chegasse para mim e dissesse que acreditava que ainda veria pessoas habitando em Marte e eu respondesse: "Incrível. Vou lhe vender um terreno localizado na melhor região daquele planeta". Ou como se alguém me falasse de sua certeza de que não demoraria muito tempo para que uma paz estável e duradoura fosse realidade no Oriente Médio e eu me apressasse em oferecer-lhe uma concessão de participação nos poços de petróleo iranianos.

Jeremias apregoava: "Reprime a tua voz de choro e as lágrimas de teus olhos [...] Há esperança para o teu futuro, diz o SENHOR, porque teus filhos voltarão para os seus territórios" (Jr 31:16,17). Imediatamente Hananeel se aproximou e disse: "Compra agora o meu campo que está em Anatote, na terra de Benjamim, porque teu é o direito de posse e de resgate; compra-o" (Jr 32:8).

O que uma pessoa prática faria diante dessa oferta? Eu imagino Jeremias a temporizar e a se esquivar: "Você ainda não compreendeu, Hananeel, que estou falando por meio de símbolos e metáforas? Eu estou pregando sobre a vida interior, a maneira como nosso inconsciente está em sintonia com o propósito de Deus. Não interprete minhas palavras de forma tão literal. Eu não vou assumir o ônus daquele pedaço de terra sem valor em Anatote. O fato de ser um pregador não significa que eu seja tolo. Conheço o valor das coisas tão bem quanto meu próximo". Dizendo isso o profeta seria aplaudido por todos ao redor — pensariam que talvez Jeremias não fosse tão tolo quanto se imaginava.

Entretanto, não foi isso o que aconteceu. É-nos relatado que Jeremias, profundamente conectado à realidade que a maioria de nós ignora e não se importando com o juízo que as pessoas fariam dele, imediatamente aceitou a oferta e comprou o campo. Ele pesou dezessete siclos de prata, chamou as testemunhas necessárias, assinou e selou a escritura. Então, orientou seu amigo, Baruque, para que guardasse os documentos em um vaso de barro "para que se possam conservar por muitos dias; porque assim diz o SENHOR dos Exércitos, o Deus de Israel: Ainda se comprarão casas, campos e vinhas nesta terra" (Jr 32:14-15).

Jeremias sabia que a compra daquele terreno parecia algo insensato e tolo. Aquele ato contrariava a situação presente, a lógica e a opinião pública. No entanto, ele não adquiriu aquele pedaço de terra devido ao conselho de seu corretor de imóveis, mas com base na instrução de Deus. O profeta não tinha em mente construir uma casa para abrigá-lo durante sua aposentadoria, mas vislumbrava a continuidade das promessas de Deus. Mesmo assim, ele não pôde evitar o *sentimento* de estar agindo como tolo — e então orou, colocando-se diante de Deus: "Ah! SENHOR Deus, eis que fizeste os céus e a terra com o teu grande poder e com o teu braço estendido; cousa alguma te é demasiadamente maravilhosa [...] Eis aqui as trincheiras já atingem a cidade, para ser tomada; já está a cidade entregue nas mãos dos caldeus, que pelejam contra ela, pela espada, pela fome e pela peste. O que disseste aconteceu; e tu mesmo o vês. Contudo, ó SENHOR Deus, tu me disseste: Compra o campo por dinheiro e chama testemunhas, embora já esteja a cidade entregue nas mãos dos caldeus" (Jr 32:17,24-25).

Enquanto ele orava, veio a confirmação: "Eis que eu sou o SENHOR, o Deus de todos os viventes; acaso, haveria cousa demasiadamente maravilhosa para mim? [...] Assim como fiz vir sobre este povo todo este grande mal, assim lhes trarei todo o bem que lhes estou prometendo. Comprar-se-ão campos nesta terra" (Jr 32:27,42-43).

VIVENDO EM ESPERANÇA

Comprar um terreno em Anatote era um ato deliberado de esperança. Todos os atos com base na esperança expõem-se ao ridículo, porque parecem impraticáveis, dissociados da realidade visível. Porém, na verdade, eles são a realidade que está sendo edificada, mas ainda não pode ser vista. A esperança nos leva a atitudes relacionadas às promessas de Deus.

O que chamamos de esperança é, muitas vezes, apenas desejo. Queremos coisas que imaginamos ser impossíveis, mas temos o bom senso de não gastarmos dinheiro ou nos comprometermos com elas. A esperança bíblica, entretanto, é um ato — como adquirir um campo em Anatote. A esperança age na convicção de que Deus vai completar o trabalho que foi iniciado, mesmo contra todas as evidências, especialmente quando estas são adversas.

William Stringfellow, que tem uma ampla experiência pessoal com a "Babilônia", concorda com Jeremias: "A esperança é a confiança na graça mesmo diante da morte: a questão é receber a vida como uma dádiva, não como recompensa ou punição; esperança é viver de maneira permanente, paciente, com expectativa e alegria baseadas na eficácia da Palavra de Deus".[6] Cada pessoa que encontramos deve ser atraída para essa mesma expectativa. Cada situação em que nos encontramos deve ser inserida no reino que, temos certeza, Deus está edificando. Ter esperança é investir no que acreditamos. Não dar meia-volta em desespero, não levantar as mãos para o céu inconformados, não desprezar determinada pessoa como incorrigível, não nos desviarmos da complexidade do mundo por ser difícil demais para nós.

É muito mais fácil desfalecer em desespero do que viver com base na esperança, pois quando vivemos em desespero não temos de fazer nada nem assumir riscos. Podemos então viver de maneira preguiçosa e medíocre, desfrutando da fama imaculada de nossa praticidade, sendo apenas levados pelos ventos das circunstâncias presentes. Está na moda o último cinismo. Se vivermos com esperança, nadamos contra a maré.

[6] *An Ethic for Christians and Other Aliens in a Strange Land.* Waco: Word, 1976, p. 138.

TORNANDO-SE PRÁTICO

Beira o incompreensível quando alguém diz: "Bem, a Bíblia tem seu lugar, mas quando se chega ao âmago da questão, precisamos pensar e agir de forma prática, não é mesmo? Apesar de tudo, Jeremias nunca precisou viver de salários". Pessoas assim me fazem lembrar do senhor Tulliver, personagem de George Eliot, que "considerava a igreja uma coisa, e o senso comum, outra, e desejava que ninguém *lhe* contasse o que era o senso comum".[7]

Porém, o fato mais marcante é este: no cenário de frenesi e pânico em que Jerusalém estava mergulhada naquele dia distinto de qualquer outro; com a população dividida entre os que aceitavam, entorpecidos, aquela situação como inevitável e os que engendravam planos de fuga, o ato simples que sobressai nesse registro histórico é que Jeremias comprou um campo em Anatote por dezessete siclos de prata. Aquele ato tornou visível a Palavra de Deus, estabeleceu um ponto de apoio para qualquer um que desejasse escapar daquele desespero caótico rumo à harmoniosa plenitude da salvação, e muitos seguiram por esse caminho.

Temos de ser práticos, realmente objetivos. A atitude mais sensata que podemos adotar é escutar o que Deus diz e agir de acordo com isso. "Os argumentos não têm validade a não ser que sejam apoiados por fatos."[8] Ações com base na esperança tomam parte no futuro que Deus está tornando real. Raramente tais ações são espetaculares.

Em geral, ocorrem em situações comuns, fora dos cenários sagrados. Quase nunca são consideradas importantes pelas pessoas que as testemunham. Não é fácil agir com base na esperança porque as evidências são totalmente contrárias. Como resultado, vivemos em uma das sociedades menos objetivas que o mundo já viu. Em geral, se decidimos viver de forma prática e objetiva, com freqüência desafiamos a falta de objetividade das pessoas de nosso círculo de relacionamento. É necessário coragem para agir com esperança. Mas essa é a única ação realmente prática, pois é a única atitude que sobrevive à decadência do momento e escapa do monte de sucata resultante do modismo recente.

[7] *The Mill on the Floss*. New York: The Century, 1911, p. 409.
[8] Philip Reiff. *The Triumph of the Therapeutic*. New York: Harper & Row, 1966, p. 37.

15 UMA MENSAGEM GLOBAL

Palavra do SENHOR que veio a Jeremias, o profeta, contra as nações. A respeito do Egito. ... a respeito dos filisteus ... A respeito de Moabe. ... A respeito dos filhos de Amom. ... A respeito de Edom. ... A respeito de Damasco. ... A respeito de Quedar e dos reinos de Hazor ... contra Elão ... contra a Babilônia...

JEREMIAS 46:1-2; 47:1; 48:1; 49:1,7,23,28,34; 50:1

Tivessem sido os gentios abandonados à própria sorte e aos seus mitos, sendo considerados do ponto de vista da própria religião, eles não constituiriam parte da criação de Deus; seriam mantidos à margem, totalmente renegados. Entretanto, este não é nem nunca foi o caso. Eles não foram abandonados à própria sorte, mas envolvidos desde o princípio nos poderosos atos de criação de Deus; eles pertencem à terra que surgiu do oceano primitivo; eles constituem "os fins" para os quais os propósitos de Deus estão direcionados, o motivo supremo da obra que foi iniciada no monte Sião, centro da terra.

AREND TH. VAN LEEUWEN[1]

12/9/2009

[1] *Christianity in World History.* London: Edinburgh House Press, 1964, p. 100.

Eu nasci em uma pequena cidade do Oeste, longe das grandes auto-estradas, aparentemente sem importância para ninguém, exceto seus próprios moradores. Ninguém em minha família ou entre meus conhecidos tinha saído de lá. Vivíamos isolados e sem contato com os grandes eventos ou com as pessoas de destaque. As exceções eram raras. Por exemplo, havia um tio meu que tinha servido na infantaria durante a Primeira Guerra Mundial e fora ferido em território francês. Eu ouvia suas histórias da guerra. Muitos de meus tios e tias por parte de mãe tinham vindo da Noruega quando eram muito jovens e suas histórias sobre as fazendas conferiam um colorido especial às reuniões familiares durante os feriados. Meu avô paterno tinha um forte sotaque sueco, porém ele jamais falava sobre seu país de origem. Com isso quero dizer que aquele não era o lugar propício para adquirir uma concepção realista do tamanho e da complexidade do mundo.

Ainda assim, quando eu tinha dez anos de idade, já sabia da grande diversidade de idiomas, costumes, climas e territórios que nosso planeta abrange. Eu não adquiri esse conhecimento na escola, embora reconheça os esforços que foram feitos para que isso acontecesse, mas na igreja. Sempre havia visitantes de cantos remotos do mundo que chegavam à nossa igreja. Era comum abrirmos nossa casa para hospedá-los. As conversas à mesa do café incluíam referências aos elefantes da África, aos templos da Índia, aos lagos finlandeses, às selvas do Brasil, às danças da Indonésia e às canções do Congo. Aquelas pessoas nos mostravam os artefatos típicos e as fotografias que carregavam consigo e nos contavam muitas histórias. Minhas memórias da infância estão marcadas com as impressões que os missionários com seus relatos, zelo, paixão e orações deixaram em mim. Eu cresci numa pequena cidade, mas é como se tivesse sido criado em uma comunidade global.

Entre os cristãos minha experiência é típica, pois a religião bíblica é fortemente internacionalista. As pessoas que participam da comunidade de fé encontram-se na companhia de homens e mulheres que têm paixão por atravessar fronteiras — lingüísticas, raciais, geográficas e culturais — a fim de proclamar que não há nenhum lugar ou pessoa na terra que não esteja incluída no plano divino.

UMA ALDEIA GLOBAL

Essa qualidade não é recente. É de origem. Não se refere à curiosidade humana para explorar ou à tecnologia da era científica. Suas raízes estão na natureza de Deus e na realidade da fé. O missionário, não a mídia, nos proporcionou a noção de aldeia global. À época de seu chamado, Jeremias foi constituído "profeta às nações" (Jr 1:5). A palavra *nações (goyim)* refere-se especialmente às nações além das fronteiras, os outros povos, os estrangeiros. Ele não foi designado como profeta para os hebreus nem constituído capelão na corte de Judá.

O título "profeta às nações" é uma deliberada rejeição de qualquer compreensão da vida de fé que seja identificada com uma única nação ou cultura particular. O dever humano é crescer em consciente e saudável relacionamento com toda a realidade na qual Deus é a parte maior. Se Deus for compreendido como limitado a um local, como uma divindade tribal, ele será mal compreendido e nossa vida será prejudicada. Jeremias lutou contra esse tipo de religião tacanha durante toda a sua vida. Ele atacou qualquer tendência de tornar o templo um lugar estrito. Ele trabalhou vigorosa e criativamente para mostrar aos hebreus que eles não eram o único povo importante para Deus e que a vida de fé necessariamente nos insere em uma comunidade global que inclui pessoas com aparências, costumes e modos de falar estranhos.

A fé bíblica sempre teve essa dimensão global. A promessa feita a Abraão era de que por intermédio dele seriam "benditas todas as famílias da terra" (Gn 12:3). D. T. Niles apresenta a base bíblica: "O Deus que escolheu Israel dentre as nações e deu-lhe uma história distinta também permanecerá sendo o Deus das nações. O mesmo Deus que libertou Israel do jugo egípcio trouxe os filisteus de Caftor e os sírios de Quir (Amós 9:7). Ele se preocupa com a vida das outras nações, pois é o Deus das nações (Jr 20;4; Is10:5)".[2] A visão final do livro de Apocalipse mostra as nações andando sob a luz da glória de Deus e comendo da

[2] *Upon the Earth.* New York: McGraw Hill, 1962, p. 250.

árvore da vida (Ap 21:24;22:2). Deus não está geograficamente restrito à região da Palestina; sua misericórdia estende-se a todos os cantos da terra. Jeremias foi nomeado profeta às nações porque o Deus que ele proclama é o Deus das nações. Da mesma forma que Deus não está confinado a um lugar, a vida de fé também não pode ser restrita a um só local.

As religiões que criamos para nós mesmos sempre reduzem a realidade para que nos sintamos confortáveis e bem. Nós gostamos de nos sentir incluídos. Sentimo-nos seguros quando estamos entre pessoas que falam nossa língua, cantam nossas canções e não nos confrontam. Pouco importa se esse tipo de vida é banal, conquanto que seja *seguro*. "Por que o homem aceita viver uma vida vazia?", questiona Ernest Becker. Sua resposta: "Pelo perigo que representa um horizonte repleto de novas experiências, é claro".[3] O perigo não é contra a nossa humanidade, mas contra nosso desejo de viver a vida à nossa própria maneira, controlando pessoas e coisas e colocando-nos no centro. Quanto mais amplo for o mundo, menor será a parte dele que poderemos manter sob nosso controle. Entretanto, essa é uma ambição miserável e fadada à monotonia. O mundo é de Deus e ele o governa. O vazio desaparece quando se participa do que Deus está realizando, não quando se tenta manipular o que está a nosso alcance. Desse modo, a Bíblia continuamente combate todas as formas de isolamento. O missionário John R. Mott afirmou: "As atividades missionárias da igreja são como a circulação sanguínea que perde seu poder vital se nunca alcançar as extremidades".[4]

PROFETA ÀS NAÇÕES

Porém, Jeremias nunca deixou Jerusalém e suas cercanias.[5] Ao final da vida, ele foi levado contra sua vontade para o Egito, mas isso também não justifica o títu-

[3] *The Denial of Death*. New York: The Free Press, 1973, p. 74.

[4] Citado por D. T. NILES, *Upon the Earth*, p. 259.

[5] Uma possível exceção, embora não totalmente provável, é registrada no capítulo 13 que fala sobre o cinto de linho. Jeremias é instruído: "dispõe-te, vai ao Eufrates" para enterrar o cinto, e ele o fez. Se, de fato, este é o rio Eufrates, seria uma viagem de cerca de 1.100 quilômetros. A palavra em hebraico é *perath* e, embora utilizada com freqüência para o rio Eufrates, mais provavelmente refere-se a Parah, um local próximo de Anatote, distante cerca de 7 quilômetros, onde existe um abundante suprimento de água. Como o som das duas palavras é similar, a mais antiga pode ter originado a mais recente. Ademais, em hebraico as duas palavras seriam pronunciadas de forma idêntica. Cf. THOMPSON, *The Book of Jeremiah*, p. 364, e BRIGHT, *Jeremiah*, p. 96.

lo que recebeu de "profeta às nações". Como Jeremias cumpriu sua missão sem jamais ter saído dos limites de Jerusalém? Ele o fez ao comunicar profecias para dez diferentes nações: Egito, Filistia, Moabe, Amom, Edom, Damasco, Quedar, Hazor, Elão e Babilônia. A faixa geográfica representada por essas nações é imensa, indo do Egito, no Oeste, ao Elão, no Leste, compreendendo uma distância de 2.400 quilômetros; e de Damasco, ao Norte, a Edom, no Sul, uma distância de 800 quilômetros — cerca de 1,9 milhão de quilômetros quadrados. Talvez ele nunca tenha deixado Jerusalém, mas Jeremias foi, mental e espiritualmente, um viajante mundial. Essas profecias estão reunidas nos capítulos 46 a 51 de Jeremias.

Com exceção de uma, não sabemos como essas mensagens foram transmitidas. A exceção é a mensagem referente à Babilônia. Jeremias comissionou Seraías para levar essa mensagem em missão diplomática oficial e anunciá-la aos babilônios. Após completar a missão, Seraías deveria amarrar a mensagem em uma pedra e atirá-la no meio do rio Eufrates que corria junto à Babilônia e anunciar: "Assim será afundada a Babilônia e não se levantará, por causa do mal que hei de trazer sobre ela" (Jr 51:64). A *maneira* como a mensagem foi comunicada foi tão importante quanto o fato de *haver* sido transmitida.

Quanto às demais nações, nós não temos informação de como as mensagens chegaram a elas. Será que foram entregues de maneira semelhante por um viajante, um soldado ou um oficial do governo que as teria levado? Essa conjectura não é de modo nenhum improvável. Entretanto, se não sabemos como foram transmitidas, sabemos que as mensagens foram cuidadosa e corretamente preparadas.

As mensagens de Jeremias às dez nações foram feitas com a mesma seriedade com que preparou as mensagens pregadas pessoalmente em Jerusalém. O profeta se pronunciou com grande poder e habilidade poética. Ele nunca usou termos vulgares ou chavões. Ele fez uso da linguagem com imenso respeito. As palavras eram santas, preciosos presentes tratados com extrema reverência e cuidado. Marianne Moore escreveu sobre a necessidade de humildade, cuidado e fineza no trato com as palavras. Ela descreve a humildade como a armadura necessária. Já o cuidado demonstra a espontaneidade que a humildade e a capacidade tornam possível.[6] Essas qualidades estão evidentes em tudo o que conhecemos

[6] *Predilections*. London: Faber & Faber, 1956, p. 12.

de Jeremias. As mensagens às nações exibem a mesma exuberante, porém controlada, força. John Bright considera essas mensagens como "uma das mais finas poesias em todo o cânon profético".[7] Elas não são trabalhos de segunda categoria, realizados de forma rápida e descuidada só porque eram destinadas a povos estrangeiros.

Jeremias teve tanto cuidado em proclamar as palavras de Deus para povos que ele nunca veria quanto ele dispensou às pessoas com as quais cresceu e viveu. O fato de haver adquirido um extenso e detalhado conhecimento sobre as nações comprova que o profeta dedicou muita atenção e tempo a essas mensagens. Espera-se que Jeremias leve Deus a sério e que proclame suas palavras com cuidado, mas nos surpreende descobrir que, meticulosamente, estudou aqueles *povos* que não significavam nada para ele. Todas essas profecias exibem um extraordinário conhecimento sobre a geografia, a história e a política daquelas nações. Ele não tinha por elas um interesse generalizado, mas específico. Preocupou-se em conhecer detalhes de suas vidas. Proclamou a Palavra de Deus referente a suas reais condições de existência. Tudo isso torna as mensagens mais difíceis de serem compreendidas, pois muitos dos detalhes geográficos e muitas referências políticas não podem mais ser determinados. Porém, cada dificuldade que encontramos durante a leitura da profecia reflete detalhes mediante os quais os filisteus e babilônios reconheceram que estavam sendo mencionados com extrema atenção e seriedade. As nações não foram apenas citadas como "pagãs" ou "pecadores perdidos" e, então, atacadas com fórmulas estereotipadas.

Certa vez, conheci um homem que veio aos Estados Unidos após a Segunda Guerra Mundial como refugiado político. Ele tinha sido um habilidoso marceneiro em sua terra natal, mas após a guerra decidiu exercer a função de administrador em uma igreja. Pouco tempo depois tornei-me pastor naquela mesma igreja e também pai. Brinquedos começaram a se acumular por toda a casa. Sabendo de sua habilidade com ferramentas e madeira eu perguntei a Gus se ele poderia confeccionar uma caixa quando tivesse tempo livre. Eu tinha em mente uma simples caixa para guardar os brinquedos e sabia que Gus poderia fazê-la em pouco mais de uma hora. Semanas mais tarde ele presenteou nossa família com uma

[7] *Jeremiah*, p. 307.

caixa de brinquedos cuidadosamente projetada e habilmente confeccionada. Meu pedido não fora tratado com desatenção. Tudo o que eu queria era um lugar para guardar brinquedos, mas fui presenteado com uma rica peça de adorno. Senti ao mesmo tempo gratidão e desconforto porque imaginei que tomaria apenas uma hora de trabalho e aquela peça consumiu muitas horas mais. Eu expressei todo o meu constrangimento mediante muitas desculpas e palavras de gratidão. Sua esposa reprovou minha atitude, dizendo: "Você tem de compreender que Gus é um marceneiro. Ele jamais poderia, como você pediu, juntar umas madeiras e fazer uma caixa. Seu orgulho não permitiria". Aquela caixa de brinquedos está em nossa família há cerca de vinte anos e sua presença é uma advertência viva para mim quando tento realizar um trabalho de qualquer tipo sem esmero ou cuidado.

Semelhantemente, Jeremias era um profeta. Não importava para quem pregasse, fossem pessoas de sua íntima convivência ou transeuntes desconhecidos, pessoas com as quais se relacionaria até o fim de seus dias ou alguém que jamais veria: ele era um profeta. Como tal, não podia simplesmente fazer uma profecia ou compor um sermão de qualquer maneira. Seu compromisso jamais o permitiria. Embora as dez nações constituíssem uma diminuta parcela de seu ministério diário, Jeremias as levou tão a sério quanto sua própria nação.

ADVERTÊNCIA E JULGAMENTO

O conteúdo das mensagens que Jeremias pregou às dez nações foi, praticamente, o mesmo das mensagens que pregou para seu próprio povo: advertência e julgamento que antecipam a salvação. Ao Egito é prometido um julgamento: "Prepara a tua bagagem para o exílio, ó moradora, filha do Egito; porque Mênfis se tornará em desolação e ficará arruinada e sem moradores" (Jr 46:19). Mas há também uma palavra de salvação: "[...] mas depois será habitada, como nos dias antigos, diz o SENHOR" (Jr 46:26).

Sobre Moabe há lamento e pranto: "Está prestes a vir a perdição de Moabe, e muito se apressa o seu mal. Condoei-vos dele, todos os que estais ao seu redor e todos os que lhe sabeis o nome; dizei: Como se quebrou a vara forte, o cajado formoso!" (Jr 48:16-17). Porém, a última palavra é: "Contudo, mudarei a sorte de Moabe, nos últimos dias, diz o SENHOR" (Jr 48:47).

Os amonitas foram mencionados: "Uiva, ó Hesbom, porque é destruída Ai; clamai, ó filhos de Rabá, cingi-vos de cilício, lamentai e dai voltas por entre os muros; porque Milcom irá em cativeiro, juntamente com seus sacerdotes e os seus príncipes" (Jr 49:3). Entretanto, a palavra final é: "Mas depois disto mudarei a sorte dos filhos de Amom, diz o SENHOR" (Jr 49:6).

O Elão é advertido com estas palavras: "Eis que eu quebrarei o arco de Elão, a fonte do seu poder. Trarei sobre Elão os quatro ventos dos quatro ângulos do céu e os espalharei na direção de todos este ventos" (Jr 49:35-36). Entretanto, mais uma vez, a palavra final é: "Nos últimos dias, mudarei a sorte de Elão, diz o SENHOR" (Jr 49:39).

A maior parte do texto refere-se sempre ao julgamento. A antecipação da salvação é expressa, em cada exemplo, em uma única linha. Porém, essas linhas evitam que as mensagens sejam compreendidas como a mera ira vingadora de um julgamento. As afirmações de esperança não estão explícitas em todas as mensagens, aliás, não foram expressas nem mesmo nas mensagens a Israel. O simples fato de estarem ali, porém, demonstra que o julgamento está a serviço da salvação que será de Israel bem como de todas as outras nações. Não existe uma mensagem para o povo de Israel e outra para os estrangeiros. A mensagem bíblica é a mesma para judeus e gentios. Como Paulo escreveu: "Que se conclui? Temos nós qualquer vantagem? Não, de forma alguma; pois já temos demonstrado que todos, tanto judeus como gregos, estão debaixo do pecado" (Rm 3:9).

CONTRA AS NAÇÕES

Jeremias escreveu sobre as nações: designou, descreveu e tratou com seriedade. Aqui, o que os antropólogos chamam de etnocentrismo — a irracional presunção de que seu próprio povo é o melhor enquanto todos os outros, especialmente os que constituem ameaça, são inferiores — é claramente rejeitado. Kenneth Cragg, refletindo sobre essa realidade e meditando sobre suas implicações ao longo dos séculos de fé, escreveu:

> O evangelho como tal não tem nacionalidade. Aquele que humildemente leva Cristo ao mundo de todas as raças sempre vai descobrir a múltipla e constante relevância do que carrega. Para compreender Cristo inteiramente é necessário o mundo inteiro [...]

> Aqueles que o pregam não estão vulgarmente universalizando sua própria cultura: estão propagando que pela compreensão disso, tanto eles como seus ouvintes, aprendem. Se os clamores do evangelho são válidos, isso não poderia ser de outra maneira.[8]

Propagar é um ato que abrange tudo, não somente para os outros, mas também para nós: "É preciso um mundo inteiro para compreender a totalidade de Cristo". Atravessar as fronteiras e explorar os horizontes (na imaginação, como Jeremias, ou fisicamente, como Seraías) é exprimir o amor universal de Deus, mas isso também desenvolve nossa saúde mais profunda. Pois não podemos ser completos enquanto estivermos aprisionados a nossos próprios hábitos, mesmo os piedosos. Não podemos crescer em direção à maturidade se nos mantivermos confinados a nosso próprio círculo social, mesmo que seja um círculo muito ortodoxo. Um carvalho não pode crescer se for mantido em um barril, pois necessita de muita terra debaixo de si. Muito menos podemos crescer como seres humanos se estivermos confinados em um canto estreito ou a uma religião isolada em si. Quanto maior for o mundo em que vivermos, maior desenvolvimento nossa vida experimentará. Pelo menos uma das razões para a heróica estatura de Jeremias é sua preocupação com os elamitas. Nós não podemos ser seres humanos completos se nos desligarmos do ambiente criado por Deus e no qual ele está trabalhando. Pessoas de fé vivem em uma realidade muito maior do que as pessoas sem fé. "Deus amou o *mundo*."

Com freqüência, traímos essa realidade. Precipitamo-nos e batemos em retirada. Nós ignoramos e até desprezamos os de fora. Fazemos alguns poucos amigos que se parecem conosco e pensam como nós. Rejeitamos qualquer sugestão de que precisamos mais do que conforto fisico e segurança psicológica. Formamos barricadas ao nosso redor que nos separam das visões que expõem os nossos preconceitos e das pessoas que desafiam nosso narcisismo.

André e Pierre-Emmanuel Lacocque, em uma brilhante síntese de material bíblico, teológico e psicológico, denominaram isso de "complexo de Jonas" — o conflito existente entre o que me faz sentir bem a meu respeito e o que sou sob o

[8] *The Call of the Minaret*. Londres: Oxford University Press, 1952, p. 183.

compromisso com Deus; a tensão entre o conforto e o caráter.[9] Jonas ficou dividido entre o desejo do desfrute sereno de seu potencial e de suas posses e o cumprimento de uma vocação que aniquilou seus preconceitos e interrompeu sua confortável busca da alegria.

Entretanto, há Jeremias e as pessoas como ele que continuam a surgir em nossas casas, comunidades e igrejas, que vão além das fronteiras do seguro e confortável, que aprendem novos idiomas, descobrem culturas estranhas, enfrentam a hostilidade e a incompreensão, que exibem cicatrizes e contam histórias que provam que a vida de fé pode ser vivida em todos os lugares e entre todos os povos — *deve* ser vivida em todos os lugares e entre todos os povos.

[9] *The Jonah Complex*, p. 30.

16 ÂNIMO — VIVA UMA VIDA SEM TÉDIO NEM MEDIOCRIDADE

Nesse caso, ouvi a palavra do SENHOR, ó resto de Judá. Assim diz o SENHOR dos Exércitos, o Deus de Israel: Se tiverdes o firme propósito de entrar no Egito e fordes para morar, acontecerá, então, que a espada que vós temeis vos alcançará na terra do Egito, e a fome que receais vos seguirá de perto os passos no Egito, onde morrereis.

Não obedeceu, pois, Joanã, filho de Careá, e nenhum de todos os capitães dos exércitos, nem o povo todo à voz do SENHOR, para ficarem na terra de Judá. Antes, tomaram Joanã, filho de Careá, e todos os capitães dos exércitos a todo o resto de Judá que havia voltado dentre todas as nações para as quais haviam sido lançados, para morar na terra de Judá; tomaram aos homens, às mulheres e aos meninos, às filhas do rei e a todos que Nebuzaradã, o chefe da guarda, deixara com Gedalias, filho de Aicão, filho de Safã; como também a Jeremias, o profeta, e a Baruque, filho de Nerias; e entraram na terra do Egito, porque não obedeceram à voz do SENHOR, e vieram até Tafnes.

Portanto, assim diz o SENHOR dos Exércitos, o Deus de Israel: Eis que voltarei o rosto contra vós outros para mal e para eliminar a todo o Judá. Tomarei o resto de Judá que se obstinou em entrar na terra do Egito para morar, onde será ele de todo consumido; cairá à espada e à fome; desde o menor até ao maior perecerão; morrerão à espada e à fome; e serão objeto de maldição, espanto, desprezo e opróbrio.

JEREMIAS 42:15,16; 43:4-7; 44:11,12

Nada poderia estar mais distante da verdade do que a crença fácil de que Deus somente se manifesta na prosperidade, na melhoria dos padrões de vida, no avanço da medicina e na reforma dos costumes, na difusão do cristianismo organizado. O efeito desse tipo de teoria do aperfeiçoamento do mundo pelo homem, que há alguns anos quase suplantou a fé inabalável de Moisés, Elias e Jesus entre os cristãos modernos, tanto protestantes como católicos, está agora levando multidões a abandonar suas convicções religiosas. O verdadeiro progresso espiritual somente pode ser alcançado pela catástrofe e pelo sofrimento, atingindo novos níveis após a profunda catarse que acompanha conflitos importantes. Cada período de agonia mental e física, enquanto o velho está sendo removido e o novo ainda está para nascer, produz diferentes padrões sociais e visões espirituais mais profundas.

WILLIAM FOXWELL ALBRIGHT[1]

[1] *From the Stone Age to Christianity.* Garden City: Doubleday, Anchor Books, 1957, p. 402.

De tempos em tempos, para relaxar e fugir do mundo em que estou vivendo em fé, dirijo cerca de quarenta quilômetros a Sudoeste até o Memorial Stadium, em Baltimore, para assistir ao time de beisebol do Orioles. Por algumas horas permaneço em um mundo definido por linhas precisas e padrões geométricos. Cada ação no campo de jogo é hábil e equilibrada. O comportamento amador não é tolerado. Jogadas de grande complexidade são realizadas com extrema perícia e habilidade. Os erros são de imediato identificados no ato e suas conseqüências vêm. Infrações às regras do jogo são punidas na hora. A conduta irregular leva à expulsão. A pessoa que se recusa a jogar de acordo com as regras é sumariamente eliminada do jogo. Um desempenho espetacular é reconhecido e aplaudido na hora. Enquanto o jogo é disputado, pessoas de temperamentos, valores morais e religiosos e de culturas totalmente diferentes aprovam o mesmo objetivo e os meios para alcançá-lo. Quando o jogo termina, todos sabem quem ganhou ou perdeu. É um mundo em que toda a incerteza é banida, um mundo no qual todas as coisas são claras e óbvias. Mais tarde, tudo é resumido através do inflexível vocabulário dos números, com precisão até a terceira casa decimal.

O mundo para o qual retorno quando o jogo termina contém todos os elementos visíveis daquela partida — elegância e deselegância, graça e descontrole, vitória e derrota, diversidade e unidade, recompensa e punição, limites e riscos, excelência e indolência — mas, com uma grande diferença: em vez de serem claramente definidos, eles aparecem em desordem. O que acontece em um momento em particular quase nunca é totalmente claro. Nenhuma das linhas é precisa. Os limites não são bem definidos. Os objetivos não são comuns e os meios para alcançá-los estão em constante conflito. Quando eu deixo aquele mundo de padrões geométricos claros e fortemente iluminados, vislumbro meu caminho em meio à neblina e tento discernir o significado das formas e silhuetas por todos os meios possíveis. Meu relógio digital, apesar de toda a sua precisão tecnológica, nunca me informa se estou no começo, no meio ou no fim de uma experiência. Ao final do dia, da semana ou do ano não há acordo sobre quem venceu e quem perdeu.

A ALTERNATIVA EGÍPCIA

Quando os israelitas se cansaram de viver pela fé, caminharam cerca de 400 km a Sudoeste, na direção do Egito, onde tudo era claro e preciso. Eles levaram Jeremias consigo. Durante toda a sua vida, Jeremias havia pregado uma fé intensamente pessoal. Ao contrário, o Egito organizou uma religião que era burocrática e impessoal. A grande ironia da vida do profeta foi ter terminado seus dias no Egito, um lugar que representava tudo aquilo que ele sempre censurou.

Não foi a primeira vez que Israel agiu assim. A alternativa egípcia à fé tomava corpo de tempos em tempos. Quando Abraão, pai de todos os que vivem pela fé, cansou-se de viver por ela, foi para o Egito (Gn 12:10-20). Ele esperava encontrar segurança entre os egípcios, mas, em vez disso, mergulhou na mentira e fez concessões. A experiência de Abraão no Egito beirou o desastre no que tange ao desenvolvimento da fé na qual ele era o pioneiro de Deus.

À época do Êxodo, após os hebreus terem sido libertos da escravidão do Egito e serem exercitados a viver pela fé no deserto, o desejo de voltar para a antiga condição era constante. É verdade que lá viviam como escravos, porém, pelo menos desfrutavam de certa segurança. Eles sabiam o que esperar. A coluna de nuvem que os guiava era frágil como sucessora das sólidas e permanentes pirâmides.

Mais tarde, quando a monarquia estava no apogeu, Salomão incorporou crenças egípcias à vida de fé ao se casar com a filha do Faraó (1Rs 9:16). À época, aquela deve ter parecido uma grande idéia; viver pela fé na Terra Prometida, mas ter ao lado a segurança egípcia. A aliança matrimonial com o Egito foi a primeira de muitas. Salomão, tendo uma vez se comprometido com a vida de fé, viu-se desesperadamente envolvido nas tentativas de assegurar a paz de seu reinado casando-se com mulheres dos reinos vizinhos (1Rs 11:1-8).

Assim, não foi por falta de precedentes que Israel, na enorme confusão e desordem que se instalou após a queda de Jerusalém em 586 a.C., sucumbiu à antiga atração do Egito.

Não há nada mais difícil que viver com espontaneidade, esperança e virtude — pela fé. E jamais houve um período em que as condições externas foram mais contrárias a esse viver do que aqueles dias confusos e devastadores que se seguiram à invasão babilônica. O templo, centro do culto por quase meio milênio, estava em ruínas. O ritual, rico em símbolos e significado, fora abolido. As vozes dos sacerdotes que haviam proferido palavras de ânimo por décadas jaziam silentes. Apesar desse cenário traumático, Jeremias reafirmou ao povo a necessidade de deixar suas lágrimas de lado e começar uma nova vida de fé.

Para os israelitas, era muito mais fácil procurar refúgio no Egito. Assim, lá foram eles. Em terras egípcias não havia incertezas, riscos nem ambigüidade. Cada detalhe desta vida e da próxima levava em conta o Egito.

As terras egípcias eram geograficamente bem definidas. O grande rio Nilo, uma linha de vida verde atravessando o deserto árido, dividia o país. Ao longo do rio havia vida; longe de suas margens havia morte. Não havia montanhas misteriosas, vales imprevisíveis nem situações inesperadas. Somente o grande rio fluindo, placidamente em ritmo conhecido, previsível em suas mudanças sazonais. Toda a vida animal e vegetal dependia de sua relação com o rio.

O Egito era definido arquitetonicamente. As pirâmides e os templos destacavam-se no horizonte em linhas precisas. A exatidão matemática de suas construções era impressionante. Tudo era expressivo naqueles monumentos. As pirâmides dispunham e demarcavam as incertezas da morte. As estátuas e estruturas dos templos definiam as ambigüidades da vida. Entre o céu límpido do Egito e as areias do deserto, formas lavradas e esculpidas estruturavam a realidade com tal arrogância que todas as formas de ansiedade eram banidas. Se houvesse dúvidas sobre a importância de um projeto, elas seriam dissipadas pela realização de algo maior.

O Egito também era claro teologicamente. O invisível era traduzido em visível. Todos os deuses eram representados por imagens. Simplesmente tudo o que pudesse ser mais que humano era reduzido a algo inferior: o gato, o falcão, a hiena, o touro, a íbis eram imagens dos deuses egípcios. Cada imagem era estilizada e com isso todo o sobrenatural era eliminado. A espontaneidade era uma virtude desconhecida. Era uma religião de absoluto controle. Toda a realidade ficava restrita à superfície lisa da pedra, na anônima linguagem dos números.

O Egito era claro socialmente. Cada pessoa ocupava um lugar hierárquico bem definido. O rei postava-se no ápice da pirâmide social e o escravo mais humilde na base, com todas as outras classes entre os dois. A diminuição da pessoa era compensada pelo conhecimento do lugar a que ela pertencia. Onde havia menos honra, também havia menos responsabilidades. Onde havia menos a esperar, também havia menos para cuidar.

O Egito era o Memorial Stadium do mundo antigo: fronteiras bem delimitadas, regras estabelecidas e conhecidas, uma clara separação entre os jogadores (a casa real) e os espectadores (todo o resto), todos os deuses representados em imagens conhecidas de modo que qualquer um sabia quem era quem (não se pode identificar os jogadores sem a escalação) e, acima de tudo, números — tudo era relacionado com a geometria, a trigonometria e a aritmética. Linhas retas, ângulos agudos e estatísticas.

A CLARIDADE DA FÉ

Existem visibilidade e clareza também na vida de fé. Sublimes e amplas harmonias; significados profundos e satisfatórios; experiências ricas e consistentes. Entretanto, isso se desenvolve no interior. Não podem ser impostas. Não é possível precipitá-las. Não se trata de apressadamente dispor "coisas mortas em um mosaico velho, mas forças vivas em grande equilíbrio".[2] Elas são orgânicas e pessoais, não mecânicas e institucionais. A fé *invade* a confusão, não a elimina. A paz se desenvolve em meio ao caos. A harmonia é alcançada de maneira vagarosa, quieta e oportuna — assim como os efeitos do sal e da luz. Tais claridades resultam de um corajoso compromisso com Deus, não do fato de controlar ou ser controlado pelos outros. Elas surgem de se aprofundar nos mistérios da vontade e do amor de Deus e não de atitudes morais e cautelosas que reduzem os riscos e asseguram a própria grandeza.

Essas claridades somente podem ser vivenciadas em atos de fé e reconhecidas com os olhos da fé. A vida de Jeremias foi, brilhantemente, abastecida com tais experiências, mas elas sempre estiveram rodeadas por grande confusão e

[2] Friedrich VON HÜGEL. *Essays & Addresses on the Philosophy of Religion*, série 2ª. London: J. M. Dent and Sons, 1926, p. 54.

desespero. Alternando devoção e desânimo, Jeremias duvidava de si mesmo e de Deus. Entretanto, essas agonias internas pareceram jamais interferir em sua vocação e compromisso. Ele discutiu com Deus, porém nunca o abandonou. Sua posição central era bem clara: era a Deus que ele tinha de prestar contas. Ele era profundamente comprometido com a aliança de Deus e constante em sua compreensão de moralidade. Jeremias permaneceu firme em sua esperança na misericórdia de Deus. Porém, o fato de estar seguro com respeito a Deus não significa que estava sempre seguro com relação a si mesmo. Muito menos o mundo a seu redor tornou-se mais claro. Este permanecia em constante distúrbio — e sempre será assim.

Há um momento no último capítulo da vida de Jeremias em que a confusão e a desordem parecem ter seus dias contados. Esse momento ocorre após a queda de Jerusalém e pouco antes da fuga para o Egito. O cenário era o mais sombrio possível. Então, esse singular momento luminoso na vida de Jeremias acontece. Cada detalhe da vida de fé é marcado claramente contra a lúgubre desordem das ruas de Jerusalém destruídas pelo pecado e a falsa ordem superficial da alternativa egípcia.

A cidade havia sido tomada pelos exércitos babilônios como Jeremias exaustivamente advertira. Todas as pessoas foram reunidas e enviadas ao exílio como Jeremias prognosticara. As mentiras dos falsos profetas e sacerdotes foram impiedosamente evidenciadas. A integridade da pregação de Jeremias foi confirmada. Ele foi aprisionado com os demais. Alguns dentre o povo mais pobre, vistos como fracos e sem valor, nem foram considerados prisioneiros e ficaram para trás. A jornada forçada para superar os mais de 1.100 quilômetros de terras áridas até a Babilônia havia começado. Entretanto, quando eles estavam distantes de Jerusalém cerca de 8 quilômetros, o capitão babilônio, Nebuzaradã, recebeu ordens expressas do rei Nabucodonosor para que interrompesse a marcha e desse a Jeremias o direito de escolher entre ir ou ficar.

Imagine a cena: Jeremias sendo retirado da multidão por determinação pessoal do poderoso rei da Babilônia, dominador do mundo. Em Jerusalém, Jeremias havia sido motivo de riso e escárnio nas ruas, fora atirado em uma cisterna para morrer, fora insultado no pátio da prisão, amarrado a troncos e ridicularizado. Agora, apenas meio dia após o início da longa caminhada até o exílio, suas correntes são quebradas e o chefe da guarda, Nebuzaradã, o presenteia com a possibilidade de escolher entre duas opções. Ele podia ir à Babilônia com a promessa de um tratamento especial, ou seja, sem correntes, sem privações, o direito a uma custódia protetora (de modo que nunca mais tivesse que suportar o abuso de seus compatriotas) e uma pensão especial do próprio rei; ou podia ficar em Jerusalém, a cidade na qual viveu e pela qual lutou por toda a sua vida. Um grande amigo de Jeremias, Gedalias, filho de Safã, fora escolhido governador. Portanto, o profeta seria muito bem-vindo caso decidisse permanecer em Jerusalém e ser parte da diminuta comunidade que ficara ali.

A vida em Jerusalém recomeçaria em um ambiente cruel, castigado pela total escassez de recursos, em meio a uma cidade destruída, habitada por algumas pessoas tão pobres que nem sequer foram consideradas dignas de serem levadas como prisioneiras! Não parecia um reinício feliz e promissor para alguém com 65 anos.

Em contrapartida, a vida na Babilônia poderia ser uma aposentadoria tranqüila: honrado pela corte babilônica, protegido por uma guarda pessoal, vivendo da pensão real. Jeremias estava pronto para a aposentadoria e a merecia. Após uma vida inteira de rejeição e escárnio e, por certo, desejoso de reconhecimento, ele recebeu uma honrosa oferta feita pelo rei do império mais poderoso da época. O profeta ridicularizado por seus próprios compatriotas era considerado e respeitado pelos inimigos.

Jeremias, porém, ainda não se sentia pronto para sua merecida aposentadoria. Ele não estava cansado de viver pela fé. Estava acostumado a recomeçar do nada. Afinal, foi isso que fez a vida toda. Desde há muito ele havia desistido de contar com seus recursos; o profeta tinha por hábito contar com a graça de Deus, "a cada nova manhã". Sem nenhuma hesitação ele fez sua escolha, decidindo permanecer em Jerusalém. Ele deu preferência aos excluídos, aos pobres e às ruínas — o que restou do povo que ele acreditava ser a base para Deus edificar uma nação para sua glória.

Na Jerusalém sob juízo era impossível confundir prosperidade material com bênção divina, posição social com favor de Deus, orgulho nacionalista com a glória do Senhor, ou rituais religiosos com sua excelsa presença. A luta pela prosperidade havia cessado; as armadilhas da posição social já não mais existiam; o orgulho da nação se desfizera e o esplendor da religião fazia parte do passado. E Deus estava presente. Todas as presunções e suposições culturais, políticas, religiosas e sociais que interferiam na exposição clara da Palavra de Deus por intermédio da pregação de Jeremias foram destruídas. Nunca houve uma condição mais favorável para o desenvolvimento de uma comunidade madura na fé. Do nada, Deus faria uma nova criação.

A decisão tomada por Jeremias naquele dia em Ramá foi uma ação que caracterizou toda a sua vida. Ele escolheu estar onde Deus comandava, no centro da ação de Deus, no lugar da promessa divina, em meio à salvação do Senhor, desafiando as convenções estereotipadas, a opinião popular e a fácil autopromoção. Jeremias escolheu viver pela fé. E esse viver não significa receber aplausos constantes, muito menos jogar no time vencedor. O andar pela fé requer prontidão para viver por algo que não se pode ver, controlar ou prever. Karl Barth escreveu: "Se fixarmos nossos olhos no lugar onde o curso deste mundo atinge o ponto mais baixo, onde sua vaidade é inequívoca, onde os suspiros e gemidos são mais amargos e o divino incógnito é mais impenetrável, lá encontraremos Jesus Cristo [...] a transformação de todas as coisas ocorre onde o mistério da vida humana atinge seu ponto culminante. A esperança de sua glória surge quando nada mais além da existência de Deus permanece e ele se torna para nós o Deus vivo e verdadeiro. Ele, que pensamos estar sempre contra nós, lá está para atuar a nosso favor".[3]

O abismo de obscuridade, contradição e paradoxo que pairava sobre a vida de Jeremias foi dissipado naquele momento. Todas as perguntas repletas de ceticismo que perseguiram Jeremias ao longo de sua vida: Seria ele um falso profeta ou não? Um patriota ou traidor? Um vidente ou um iludido? Alguém fútil ou eficaz? — foram transformadas em contundentes pontos de exclamação. A verdade de sua pregação fora confirmada. A integridade de sua vida, provada. Seu compromisso com a aliança divina foi validado. Finalmente, um final feliz!

AINDA NÃO ERA O FIM

Exceto pelo fato de não ser o fim. Aquele momento tão harmonioso deu lugar ao caos. A dramática decisão desembocou numa desordem moral.

[3] *Epistle to the Romans*. Londres: Oxford University Press, 1960, p. 327. [Ed. bras.: *Carta aos Romanos*. São Paulo: Fonte Editorial, 2002).

Pouco tempo depois de Gedalias instalar-se como governador nomeado e Jeremias reiniciar seu trabalho de edificar vidas entre o povo de Deus, um criminoso, Ismael, assassinou Gedalias, massacrou os que estavam por perto e jogou os corpos em uma imensa cisterna, num verdadeiro banho de sangue. Sua ação foi combatida por Joanã que reuniu os sobreviventes, perseguiu Ismael e pôs-se em luta, buscando restaurar a ordem novamente.

A primeira e melhor atitude que Joanã tomou foi procurar Jeremias e pedir-lhe que orasse pela orientação de Deus, e o profeta suplicou ao Senhor. Deus confirmou a decisão prévia de Jeremias: o povo deveria permanecer em Jerusalém. Aqueles homens, mulheres e crianças seriam o povo remanescente a partir do qual Deus desenvolveria sua santa nação. Aquelas pessoas deveriam, em outras palavras, viver pela fé. "Se permanecerdes nesta terra, então, vos edificarei e não vos derribarei; [...] Eu vos serei propício, para que ele tenha misericórdia de vós e vos faça morar em vossa terra" (Jr 42:10,12).

Joanã e os demais respeitavam Jeremias e, por essa razão, pediram suas orações, mas eles não confiaram em Deus o suficiente para seguir o conselho do profeta. Estavam cansados de viver pela fé e decidiram ir para o Egito. Um dos motivos foi medo. Tinham receio da represália da Babilônia pelo assassinato de Gedalias, cometido por Ismael. Entretanto, a grande razão foi a recusa em viver pela fé. Eles não queriam aceitar os riscos e perigos de depender de um Deus invisível. Almejavam a segurança e a estabilidade de uma economia sólida. O povo não queria assumir a árdua tarefa de reconstruir uma vida de fé em Deus. Ansiavam pela vida tranqüila que, segundo imaginavam, os aguardava no Egito: "Não; antes, iremos à terra do Egito, onde não veremos guerra, nem ouviremos som de trombeta, nem teremos fome de pão, e ali ficaremos" (Jr 42:14). Eles buscavam uma saída fácil.

Muitas pessoas escolheram viver no Egito em vez de perseverar na fé. Foram para uma determinada religião pelo mesmo motivo que vou a um jogo de beisebol — para escapar da desordem, para enxergar tudo mais claro, para encontrar um bom lugar onde pudessem se assentar e ter uma visão de todo o cenário de uma só vez, onde conseguissem facilmente avaliar o desempenho dos protagonistas e ver as pessoas colhendo o que mereciam. Placares morais são atualizados e estatísticas são obsessivamente calculadas.

Muitas reuniões religiosas são planejadas para atingir exatamente os mesmos desejos. O mundo está restrito ao que pode ser organizado e regulamentado; cada pessoa é claramente rotulada como pertencente ao seu lado ou ao lado oposto; jamais paira qualquer dúvida sobre o que é bom e o que é mau.

O único problema com tais religiões "egípcias" é que a luz brilha enquanto dura a reunião. Não é um aprofundamento na realidade, mas uma fuga dela. Durante aquele tempo e naquele lugar de proteção, desempenhos heróicos são aplaudidos e vilões são vaiados. Há claros oponentes para serem odiados. Entretanto, de volta ao trabalho, à vida em família, ao lazer, os rótulos não colam. A vida do lado de fora das reuniões é então vista como desesperadamente contaminada. É compreensível que pessoas que abraçam este tipo de religião procurem ir ao maior número de reuniões possível, a fim de experimentar a clareza, o controle e a ordem com o máximo de freqüência.

NEM FERIDO NEM CASADO

Certa vez, Flannery O'Connor disse ter uma tia que achava que uma história sem alguém mortalmente ferido ou sem uma cena de casamento no final era banal e sem graça.[4] Mas a vida raramente apresenta finais tão definidos. Como conseqüência, as melhores histórias, aquelas que mostram nossa verdadeira condição ao nos apresentar a realidade, também não têm esses finais. A vida é ambígua. Há finais indefinidos. É preciso ter maturidade para conviver com a ambigüidade, o caos, o absurdo e a desorganização. Se nos recusarmos a viver com esses fatores, excluiremos algo que pode ser essencial e valioso — os perigos da fé, os mistérios de Deus.

O final de Jeremias não é conclusivo. Queremos saber o fim, mas não o encontramos. A última cena desse profeta o retrata se empenhando no que fez durante a maior parte de sua vida, ou seja, pregando a Palavra de Deus para um povo que o desprezava (Jr 44). Queremos saber se ele finalmente foi bem-sucedido para vivermos corajosamente e também sermos vitoriosos. Ou então queremos saber se fracassou, provando que uma vida de fé e integridade não vale a pena e podemos prosseguir descobrindo outros meios pelos quais viver. Mas o

[4] *Mystery and Manners*. New York: Farrar, Straus and Giroux, 1961, p. 94.

livro de Jeremias não dá essa informação. No fim da história ele não se casou nem foi mortalmente ferido.[5] No Egito, um lugar em que não queria estar, tendo ao lado pessoas que o tratavam de forma cruel, ele prosseguiu fiel e corajosamente sob o fardo de uma impiedosa rejeição. Uma vida edificante e extraordinariamente bem vivida.

[5] A esperada conclusão que o livro de Jeremias não apresenta é fornecida extrabiblicamente (como geralmente acontece), na obra do século primeiro, *Lives of the Prophets*. O final mais convincente mescla a honra de um herói entre os egípcios com a morte de um mártir nas mãos dos judeus: "Ele era de Anatote e morreu no Egito, apedrejado até a morte pelos judeus. Foi enterrado no lugar onde se erguia o palácio do Faraó; pois era honrado pelos egípcios em virtude dos benefícios que haviam recebido por intermédio dele. Mediante suas orações, as serpentes, chamadas de *epoth* pelos egípcios, foram embora, e até hoje os fiéis servos de Deus oram ali e, com a areia do lugar, conseguem curar as picadas de serpentes" (Charles Cutler TORREY [texto grego e tradução]. Filadélfia: Society of Biblical Literature and Exegesis, 1946, p. 35.

13/09/2009

Compartilhe suas impressões de leitura escrevendo para:
opiniao-do-leitor@mundocristao.com.br
Acesse nosso *blog*: www.mundocristao.com.br/blog

Diagramação: Sonia Peticov
Fonte: Revival
Gráfica: Imprensa da Fé
Papel: Chamois fine dunas 80/gm² (miolo)
Papel: Art Premium 250/gm² (capa)